美国帆船协会基础小帆船课程官方教材

一起来航海
基础小帆船驾驶入门

组织单位	美帆联国际体育发展有限公司
编　写	贾京凯、美国帆船协会
策　划	Ken Brown、于　虹
校　对	陈晓虎、林子森、马德胜
致　谢	陈　灿、陈晓虎、方作良、李庆玉、刘　伟、林子森、马德胜、莫俊宇、田　野、ASA亚太办公室、海南寰球拓海、三亚海生活、我要航海网

中国海洋大学出版社

·青岛·

美国帆船协会

美国帆船协会（ASA）成立于1983年，目标是让航海安全、有趣、易学。

为实现这个目标，ASA设立了一系列世界级的培训考核标准用来衡量学员的知识与技能水平。这是全美第一套适用于龙骨帆船驾驶的课程，也是全美通用的统一标准课程。1997年，ASA认证成为被美国海岸警卫队和美国政府认可的"安全船艇运动课程"。

另外，ASA是第一个获得美国船艇法律管理协会（National Association of State Boating Law Administrators, NASBLA）批准的水上帆船教学课程，这意味着全美均承认ASA认证。此外，世界上90%以上的国家和地区承认ASA认证是帆船能力的证明，还有一些国家和地区把ASA认证作为商业海事水手的认证。

如今，ASA的会员涵盖了帆船学校、船艇租赁公司、职业帆船教练和水手，我们在欧洲、中美洲、美国、中国（包括港澳台地区）、菲律宾、泰国、新加坡、日本以及其他国家和地区有6000多名教练和400多家附属帆船学校。在中国，关联附属学校已达100家。这些经ASA认证并考核过的学校向经培训后达到一定水平的学员颁发ASA技能等级认证。迄今为止，ASA在全球范围内已经认证超过200万个学员。

不论你的目标是在波利尼西亚的塔希提岛租船，还是自信满满地在周末短途航行中担当船员，ASA的帆船教育体系将为你提供全面的帆船理论指导，训练你必需的驾船技巧，并为你奠定坚实的知识基础，使你能够合法且安全地驾船。

通过设定帆船教育标准，ASA使更多的人能够安全地参与此项运动，经过适当的训练及培养如船东般的责任感，保证让每一个人的航行都更安全、智慧、有趣。

如欲了解更多，请访问我们的网站：www.asa-asia.com。

本书目的

　　编写本书的初衷是将它作为 ASA 小帆船基础课程 ASA110 的教科书（认证体系中小帆船项目的第一级），旨在适宜的风力及海况下，船员无须指导即能驾驶稳向板型帆船或多体帆船，在熟悉的水域内自由航行。本课程使用的船只不需要任何外部辅助动力，不要求学员知悉动力操作和导航技能。

　　在编写本书的过程中，ASA 吸收了众多帆船教练在长期的岸上和水上教学实践活动中积累的宝贵经验过程，介绍了帆船安全知识、航行理论和实践技能等。本书内容切合学员们的实际学习过程，能够使其将理论运用于实践，从而帮助学生建立自信并提高驾驶的安全度。

　　ASA110 课程是 ASA 小帆船体系中的的基础课程，后续还有三个竞赛级别课程，分别是 166 小帆船中级课程、167 小帆船高级课程和 168 小帆船高级竞赛课程，110 教材作为入门课程为后面课程做了铺垫，夯实了基础。

　　本书是非常好的教学工具，虽然可以用于自学，但是书本知识毕竟无法取代教练的个人经验和亲自指导。对于在帆船学校学习的新学员来说，本书不仅能够作为课前阅读材料和课间辅助材料，还是很有价值的参考书，以后在航行中也可以用到。复习题总结了本书的一些知识点，可以更好地巩固所学知识，并能够为学员参加 ASA110 考试做准备。

　　帆船驾驶涉及大量的专业词汇术语，并且很多术语比较容易混淆，所以在学习过程中要记清每个术语的含义。有些教练会根据自己的经验或者习惯给某些术语起个比较容易记住且很好理解的名字，这需要学员融会贯通，与教材中的内容对应理解。

本书团队介绍

编创

贾京凯
大连海事大学教师、帆船队教练

自 2012 年起，带队参加多项大学生帆船赛事和商业赛获得佳绩，曾获中国杯帆船赛 IRC-B 组冠军、中国大学生帆船锦标赛冠军等，日常工作主要以青少年为对象，普及航海文化和教授帆船技能，ASA 认证教练：201、203、204、205、210，担任辽宁省帆船帆板水上运动协会理事，国家一级帆船裁判员。

个人愿景：希望有更多的人参与帆船运动，体验帆船运动的乐趣，强化海洋意识，为国家海洋强国战略助力。

校对

陈晓虎

美国帆船协会 6 级签证官，中国海事 A1E、A1F 游艇驾照，国家帆船裁判。1988 年进入山东帆船队，1995 年入选国家帆船集训队，获得全国帆船青年锦标赛冠军、全国锦标赛冠军、第八届全国运动第七名。1997 年退役后从事大帆船比赛以及培训工作，多次以船长身份带领船队参加中、日、韩大帆船比赛，曾获得韩国釜山杯第四名。2012 年美洲杯中国之队船员，2013—2014 克利伯环球帆船赛澳大利亚—新加坡—青岛赛段"青岛"号船员，参与过郭川挑战赛前备航准备工作，多次参与世界杯帆船赛、全国帆船赛等大型帆船比赛裁判工作，曾多次给清华大学、北京航空航天大学师生进行大帆船培训，2017 年执教青岛崂山区校队。

林子森

2000 年从事帆船运动（OP 级帆船）专业训练。2006 年起多次参加国际帆船周夏令营并被评为青少年帆船训练营优秀教练。曾就职于青岛西海岸新区帆船帆板运动协会并担任副会长及区队技术导师，期间获青岛帆船进校园活动优秀教练员、中国体育彩票青少年 OP 夏令营青岛站优秀教练称号，并组织万人千帆活动青岛西海岸新区站并兼任主教练，也是 2018 年中国体育彩票杯青少年 OP 帆船赛（青岛站）总策划兼赛事裁判，多次参加 CCOR 国际帆船赛及国内各帆船赛事担任赛事裁判。2019 年成为 ASA 持证教练，同时持有 A1F 机械风帆游艇驾照及国际 ISAF 海上求生员证书、红十字救护证。

马德胜

现就职于海南寰球拓海文化体育发展有限公司，2016 年来到三亚开始接触帆船，现在是一名 ASA6 星帆船教练员，也是一名救援潜水员，多次参加 Hobie 帆船在国内的比赛，例如中国家庭帆船赛分站赛和总决赛、Hobie16 柳州国际邀请赛、Hobie16 三亚国际邀请赛、北海一带一路国际帆船赛等赛事，并且在赛事中取得了冠、亚军的成绩。后加入三亚蓝天救援队，并参与海南省多次海域救援打捞行动和海南省组织的水上应急救援演练。

序

本书是美国帆船协会 ASA 亚洲区中文系列教材中 110 课程的专用教材，主要介绍了训练时间为日间、驾驶长度小于 20 英尺的无固定加重龙骨的单体或双体帆船的相关知识。本课程是在适宜的风力及海况下，船员无须指导能驾驶稳向板型帆船或多体帆船，在熟悉的水域内自由航行。本课程使用的船只不需要任何外辅助动力，不要求学员知悉动力操作和导航技能。

自美国帆船协会亚洲区公司成立以来，为在亚洲区域内大力推广帆船运动，方便人们了解 ASA 成熟的培训体系和专业的技能知识，特安排相关人员进行翻译和编写中文教材。本书是中文系列教材中的一部，由大连海事大学航海训练与工程实践中心贾京凯任第一主编，刘伟、林子森、李庆玉等在本书的编写过程中提供了宝贵的建议，陈灿、陈晓虎、方作良、李庆玉、刘伟、林子森、马德胜、莫俊宇、田野、ASA 亚太办公室、我要航海网、海南寰球拓海、三亚海生活为本书提供了精美的插图，陈晓虎、林子森、马德胜进行了校对。本书共分为六章，系统地介绍了帆船运动、安全知识、帆船结构、运动原理、帆船驾驶技术、帆船基本应急操作技术和船艺的相关知识。110 课程是初学者学习帆船驾驶最合适的课程。本书用词通俗易懂，很容易让初学者掌握关键知识，从而打下坚实的基础，为后面进阶提供可靠的知识支撑。但书面的文字并不能取代教练的个人建议和亲自指导。本书是课前读本也是课内教材，注意细节，结合教练的授课，你将会取得不错的学习效果。

帆船运动是一项集休闲、娱乐、竞技和探险于一体的水上运动，适合广大人民群众的运动需求。学习 ASA 课程，是一条安全入门的路径。和我们一起去航海，加入我们的帆船航海大家庭吧，来吧，一起来玩帆船吧！

版权所有。

未经版权所有者的授权,不得以任何形式或方法(如电子化、手抄、影印、录制等)对本书任意部分进行再版、存储于检索系统中或者传播。

American Sailing Association 是注册商标。

学习帆船仅仅是一个开始

即刻成为会员将令你的航海生活更加丰富多彩。让我们一同出发,开启极为有趣的 ASA 船队之旅,加入光船租赁课程,或让我们帮助你从全球数百家 ASA 认证机构中选定一家去租赁一艘你梦想中的船。如欲了解更多 ASA 会员权益,请扫描下方二维码或访问 www.asa-asia.com 获知详情。

ASA亚太区官网

ASA官方公众号

目录

第一章 帆船运动介绍 10
- 第一节 帆船运动的乐趣 11
- 第二节 帆船的选择 12
- 第三节 多姿多彩的帆船生活 15

第二章 安全知识 17
- 第一节 航海装备 18
- 第二节 航行水域的安全性 22
- 第三节 天气知多少 24
- 附:练习题 26

第三章 走近帆船运动 28
- 第一节 风 29
- 第二节 帆船结构 31
- 第三节 航行角度及航行原理 36
- 第四节 掌舵和调帆 40
- 第五节 无法航行区和危险的尾风区 .. 44
- 附:练习题 46

第四章 驾驶帆船 48
- 第一节 帆船组装 49
- 第二节 首次航行须知 61
- 第三节 热身运动 65
- 第四节 下水 66
- 第五节 横风航行 70

第六节 迎风航行 72
  第七节 顺风航行 75
  第八节 换舷 78
  第九节 停船 83
  第十节 倒船 84
  第十一节 回岸 85
  附：练习题 88

第五章 掌控全局 90
  第一节 倾覆 91
  第二节 扶正 93
  第三节 人员落水 98
  第四节 大风天的操控 99
  第五节 拖带 100
  第六节 触礁和搁浅 101
  附：练习题 102

第六章 良好船艺 104
  第一节 团队配合 105
  第二节 绳结及相关技能 108
  第三节 器材的养护 112
  第四节 航行计划和规则 114
  附：练习题 123
  附录一：急救技能 124
  附录二：练习题答案 128

第一章 帆船运动介绍

第一节 帆船运动的乐趣

欢迎来到帆船运动的世界。帆船是一项乐趣无穷的运动,每个人都可以学习驾驶帆船,此项运动对性别、年龄、身高和体重没有过高的要求,是一个亲近自然、亲近海洋的绝佳选择。同时,帆船也是一项低碳环保的运动,因为它依靠风和水。

在本书中,我们会按照美国帆船协会110课程的标准,向你介绍驾驭一条小帆船的相关知识。由于小帆船具有体积小、重量轻的特点,可以很容易地体会到掌舵、调帆和重心移动对船只产生的影响,特别适合新手入门学习,所以,从学习如何驾驶小帆船起步是学习帆船的最好方式。由 ASA 认证学校提供经验丰富和获得认证的 ASA 教练来教授你帆船知识,将是你入门这项运动一个不错的选择。当然,你还可以去当地的帆船俱乐部或者跟随经验丰富的船员一起出海来体验这项运动。帆船是一项可以终生参与的运动,有很多精彩有趣的领域可以探索。不过帆船运动虽然有趣,但也有风险,所以在你亲近自然的同时要注意自身安全。记住,安全无小事,只有在安全的前提下才能让你进一步体会到帆船带给你的无限乐趣。

所以让我们一起享受帆船带来的快乐,欢迎登船!

图1-1 双体帆船 weta

第二节 帆船的选择

"小帆船"有很多种类型,例如单体稳向板船、小双体船和小型龙骨船等。本书只介绍两种泛指的船型——单体稳向板船和小型双体船。尽管它们外观不同,但航行的原理是一样的,都可以让你学习基本的小帆船驾驶技能。因此,本书的大部分内容和资料同等适用于单体稳向板船和小型双体船。

稳向板帆船——一种装配有稳向板和舵的单体小帆船。稳向板是一种通过插入或者旋转两种方式进入对应插槽或舱室的板体。

这里需要注意的是:固定龙骨不算是稳向板,船只有固定龙骨即为龙骨船,即便有些尺寸小一点的龙骨船上的龙骨可以升降,但这种升降的目的只是考虑运输和航行安全。

常见的稳向板帆船可以是只配备一面风帆、船长2~5米的单人小艇;也可以是配备三面风帆、船长5米甚至更长的三人小艇。这种帆船的特点是投入成本相对较低,操作和储存都比较方便;缺点是由于干舷较低没有太多的防护,会让船员湿身而感到寒冷,甚至操作不当而倾覆(翻覆)。

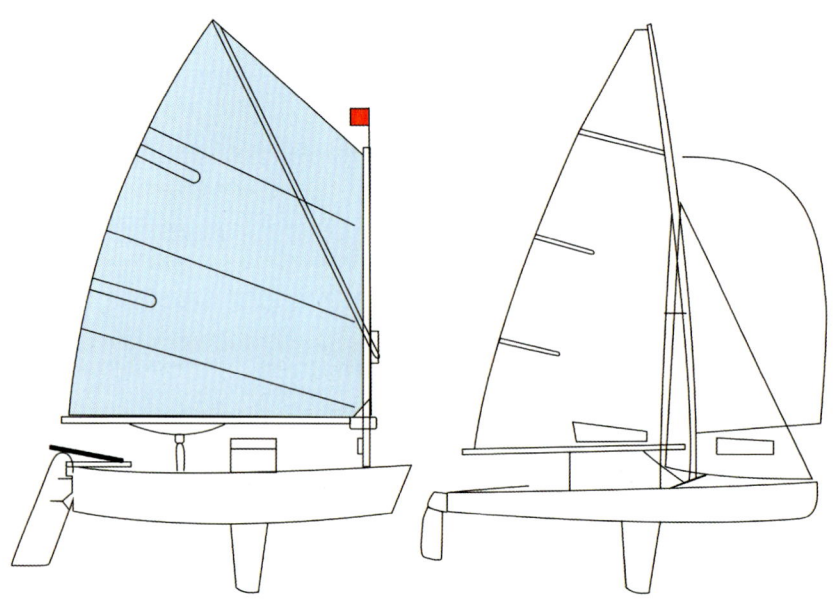

图1-2 稳向板帆船:OP级和470级

小型多体船——有两个或多个船体的船。有些小型多体船的船体上也有额外的水下翼板,例如稳向板或水翼板,但是也有一部分多体船没有安装此类翼板,而是通过船体的特殊设计来实现翼板的作用。小型多体船和稳向板船一样,尺寸涵盖单人单帆的小船,以及一直到配备多面帆、超过 20 英尺和携带更多船员的船。

图 1-3 稳向板和舵

很多多体船可以从沙滩起步,所以又称其为沙滩帆船。此种船型由于狭长的船体和宽大的平台能产生更小的船体阻力和强大的动力,所以速度快而且稳定,驾驶起来格外刺激。但是多体船的操作灵敏度要比单体稳向板船弱一些,略显沉重,尤其在倾

图 1-4 三体帆船

覆后扶正要比单体稳向板船困难一些。

在航海运动中，由于稳向板船和多体船的型号众多，那么到底该选择一条什么样的船来开始你的帆船运动也是你面临的选择之一。很多船艇的设计都是有其所针对群体，主要考虑操作人员的年龄、体重和技术水平，特别是后面两个因素，体重不匹配也会导致难以驾驭船只或浮力不足。例如：OP级（乐观者）适合青少年单人操作，Omega级（欧米伽）适合多年龄段2~4人操作，49er级（49人，长度为4.9米，属于双人艇）适合专业选手或者职业选手。

除此之外，如果你打算购买一条帆船，开始自己的航海之旅，船体的材料和风帆的面积也是你要考虑的条件。制造材料如塑料、玻璃纤维和碳纤维会导致成本差异很大，风帆面积会给你带来不同感受的同时也会使倾覆的概率有所不同。所以听取专业人士的建议会让这件事变得简单许多。

总之，初学者一定要选择一条适合自己的船只开始自己的帆船之旅。选择俱乐部可能会限制你对船只的选择，反之也是。初学者尽可能不要选择太过专业的船只，尽量选择容错比较高的船只，有助于打好坚实的基础。

图1-5 玻璃钢和塑料材质的双体船

第三节 多姿多彩的帆船生活

初步了解帆船运动以后，你还会面临一些其他的问题，例如是选择游山玩水还是劈波斩浪，是选择家庭娱乐还是体育竞技。帆船让我们有了更多和社会接触的机会，产生了更多对于美好生活的向往。这时，对于自己的追求进行合理的定位显得也很关键，当然你也可以做好规划并逐项体验。

❶ **休闲娱乐**：可以选择加入帆船俱乐部，俱乐部会为你提供船只、装备和教练等服务；还可以定期参加俱乐部组织的各种航海活动。又或者，买条适合一家老小亲水用的沙滩帆船，然后学习简单的驾驭技巧和安全航行的相关知识。

图1-6 充气小帆船

❷ **体育竞技**：你可以跟随一位专业教练学习，也可以选择加入一家帆船俱乐部，或者参加提供专业航海技能培训的航海运动学校的培训班来学习专业的驾

图1-7 OP级帆船竞赛

驶技巧。以上建议具备科学系统的优势，这样才更有利于以后的进阶，否则训练效果可能不尽如人意。除了驾驶技巧外，还要学习关于船只和风帆调整更为详细的知识以及竞赛规则等，并且要逐步参与一些适合自己的帆船赛事，以积累更多的竞赛经验。

❸ **环球航行**：这可能是很多航海人的终极梦想，而实现这个梦想要求你不仅拥有健康的体魄、顽强的毅力、专业的技能，还要有充足的时间和资金作为支持。在这之前，你要做的就是让自己做好充分的准备，当然你还需要换一条更大的帆船。除此之外，你还可以参加环球航海的体育竞赛，比较有名的环球体育竞赛有沃尔沃环球帆船赛、旺代单人环球帆船赛和克利伯帆船赛等。

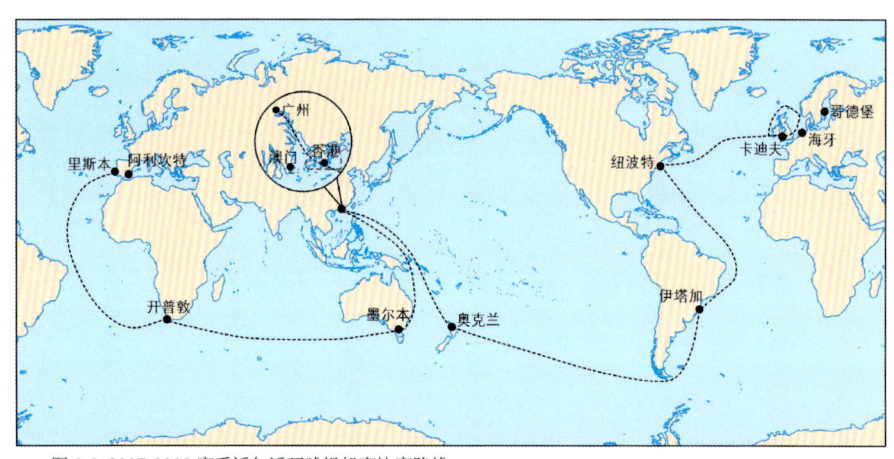

图1-8 2017-2018赛季沃尔沃环球帆船赛比赛路线

第二章 安全知识

第一节 航海装备

驾驭小帆船,除了基本知识和技能以外,从安全的角度出发,你还要选择合适的航海装备,来应对环境带给你的不利影响。

不论是否会游泳,都要选择一件适合自己的救生衣,保证落水后能漂浮于水面之上。我们建议在你从事小帆船运动之前,先熟悉水性,尽可能具备一定的游泳能力,否则即使有救生衣也还是存在一定的溺水风险;并且穿适合环境温度和此项运动的衣物来保证自己的体温免受低温或酷热的影响。

当人体不能将身体的核心温度稳定地保持在37℃时,身体就会出现功能紊乱,危及人的安全,常见的就是由低温引起的低体温症和酷热引起的中暑。特别是进入水温15℃及以下的水中,冷冲击会导致皮肤血管关闭,从而增加血液流动的阻力。心率也会增加。结果,心脏不得不更努力地工作,导致血压上升。

因此,冷冲击会导致心脏病发作,即使对相对年轻和健康的人也是如此。冷水使皮肤突然冷却,也会使人不由自主地喘不过气来。呼吸频率可以不受控制地改变,所有这些反应都会造成一种恐慌的感觉,增加了直接将水吸入肺部的机会,所以需要采取有效的措施来防范。当然,还有一些其他需要防范的因素,针对这些水中可能遇到的种种困难,我们建议你准备以下装备:

❶ 救生衣:作用是能够为人员提供相应的浮力,并且具备一定的保温能力。人在水中的活动所受阻力要远远大于

图 2-1 水上运动救生衣

在空气中受到的阻力,这就会对水中人员的体力消耗巨大,为了防止筋疲力尽时危及生命安全,我们必须有一件救生衣来提供浮力,保证我们不需要消耗太多体力漂浮于水中,从而保证生命安全。

在选择救生衣时,根据从事的水上运动种类——小帆船项目,你要参考的因素有三个:

①符合国际标准;

②救生衣合身;

③保证上述两个因素的前提下,尽可能轻薄。

尽管人的体重不同,但是在水中浮起足够高度需要的浮力相差不大,只是根据体脂含量不同有些许差异。所以在你选择一件救生衣时,不必因为你的体重太大刻意去选择一件能够提供更大浮

第二章 安全知识

力的救生衣。小帆船运动只适合在**有遮蔽的水域**进行，所以你只需要选择一件符合估计标准能够提供 50N 浮力的浮力背心（浮力辅助装置，并不是真正意义上的救生衣）就行，每个符合国际标准的救生衣上都会有所能提供浮力大小

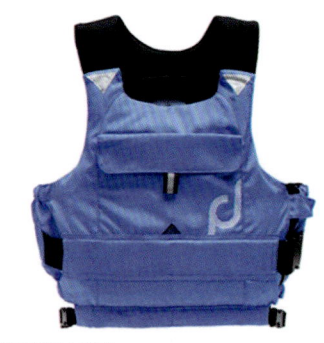

图 2-2 浮力背心

的标识。

虽然同种型号的救生衣提供的浮力一样，但是救生衣也是有尺寸大小之分。尽可能选择一件最为合身的救生衣，不合身的救生衣会让你面临很大风险，容易造成救生衣从你身上脱落，还会让水进入身体和救生衣之间的缝隙，带走你的热量；如果对舒适性影响不是太大，尽可能选择一件相对紧的救生衣。

有些救生衣提供的浮力很大，超过了日常的浮力需求，并且能够紧紧包裹住身体，但可能存在体积过大的弊端，会影响你操船。特别是在这种小帆船上面，显得格外突出，所以要根据自己的航行的区域以及安全保障的程度选择更

为适合的救生衣。

如果你还是不知道该怎么选，可咨询专业的销售人员或者教练员。

在很多情况下，我们会选择水上运动专用的救生衣，选择了合适的救生衣之后一定要细心照料，毕竟这是我们的保护伞，避免挤压，否则救生衣里面的固有浮力材料（闭孔泡沫）很容易在受到挤压之后破裂导致浮力下降。除了上述注意事项外，你需要做的就是一定要正确穿好救生衣，只有这样救生衣才能保证你的安全。

虽然极少有人在参与小帆船时会选择气胀式救生衣，但是，假如你这样做了，尽可能不要选择全自动的气胀式救生衣，以防启动充气钢瓶的药剂被溅在身上的水打湿，导致在你不想使用它的时候反而自动充涨成形来影响你操船。所以为了避免此类麻烦，这里需要给你提个醒。如果你想进行沿海航行甚至更远距离的跨洋航行时，请参考离岸竞赛安全指南上的关于装备选择的建议：选择提供浮力更大的 100N、150N 和 275N 的救生衣。

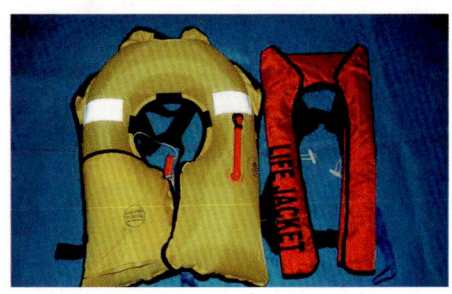

图 2-3 气胀式救生衣

❷ 衣服：一般情况下，在驾驶小帆船的时候，一件连体湿式保温服（潜水服）将是你的最佳选择。湿式保温

图 2-4 湿式保温服（潜水服）

服的选择主要根据实际的气温和水温，选择时主要考虑衣袖和裤腿的长短、整体的厚度和是否合身，这将决定是否会有冷水进入你的衣服内从而带走你的热量。湿式保温服一般是由合成橡胶制成，相对柔软易拉伸，尽可能地让它紧紧包裹住你，袖口、裤管和领口尽可能收紧来防止进水。但是湿式保温服就像它的名字一样，还是会让穿着者感到潮湿和出现体温下降的情况，只是比正常散热要慢得多，这在适宜的气温下能够满足使用需求。但在温度比较低时，你既可以选择一件干式保温服穿在外边，也可以单独穿一件干式保温服。干式保温服能够做到完全防水，有分体和连体两种类型。当然，如果天气炎热，任何形式的保温服给你带来的高温都会让你难以忍受，甚至中暑，此时你穿一件紧身的防晒衣物就足够了。常选择浅色长袖长腿的轻薄衣裤。这些衣服最好是速干透气的，否则一件棉线衣服会让你很难受，并容易产生湿疹。

❸ 鞋靴：除了合适的衣服外，你还需要选择适合的鞋或者靴子。当帆船在水中航行，船上有时候会变得湿滑，一双沾水后也能防滑的鞋或者靴子会给你带来安全感和保护。鞋底不要过硬最好是不留痕迹的材质。选择一双专业的帆船鞋或靴会给你的驾驶体验带来更好的支持。

图 2-6 帆船鞋

❹ 帽子：你知道吗？人体散热最主要的部位就是头部，所以在寒冷的天气享受帆船带给你快乐的同时，你要把头部保护好，防止散热过快，一顶航海帽会起到不错的作用。

图 2-7 航海帽

除此之外，初学者可以戴一顶安全帽来预防头部被帆杆击中。当你熟练以后可

图 2-5 湿式保温服（左）和干式保温服（右）

第二章 安全知识

以用遮阳帽来代替它，这样可以保护你的面部免受阳光的晒伤。

图 2-8 安全帽

❺ **眼镜（运动太阳镜）**：在水上航行时，水面在阳光的照射下变得波光粼粼，会让

图 2-9 太阳镜可有效地保护眼睛

你产生炫目的感觉，长时间处于高亮的环境中（特别是紫外线 UVA/UVB）对于眼睛是有伤害的，也会让你看不清水面或水中的情况。挑选一具防紫外线的偏光镜会对眼睛起到很好的保护作用，也会在一定程度上避免眼睛出现迎风流泪的情况。

❻ **手套**：船帆的调整是通过控制绳索的松紧完成的，绳索大多数都由化纤材料制成，快速收放可能会灼伤你的手，最好是找一副既耐磨又透气的手套来保护手掌。如果天气寒冷还需要手套具备保温的功能。在一些需要特殊保护的船上，手套还要有防割功能。

图 2-10 帆船手套

❼ **魔术头巾**：面部和颈部也是在帆船运动中较容易晒伤的部位，在进行水上运动时，一条魔术头巾会保护面部，防止被日光灼伤，特别是对于那些皮肤娇嫩、可能发生紫外线过敏的人。但是魔术头巾也有缺点，就是在喊话时声音会受到影响，还会让人感觉闷热。

❽ **饮用水**：水上航行从来不缺水，但是也最缺可以饮用的水，在水上航行时，常会感到口渴，所以准备一个可漂浮的运动水壶显得十分必要。

图 2-11 运动水壶

很多人并不喜欢自己被包裹得密不透风，像个"粽子"一样，他们喜欢暴露在环境中，为了防止晒伤需要擦一些隔离指数较高的防晒霜。防晒主要是防止紫外线的灼伤，即使阴天也要涂抹，否则就会被晒伤。假如不慎晒伤可以涂一些芦荟胶或者冷敷来缓解症状，必要时服用一些药物也会减轻疼痛。

图 2-12 涂抹防晒霜

航海装备

第二节 航行水域的安全性

当你开始为航行做准备时,航行水域也是你要重点考虑的因素之一。水中与陆地不同,水面上不会有明确的标记来提示你这些水域是否适合航行,是否存在危及航行安全的隐患。

在下水前,你需要了解哪些水域开阔且危险因素少,适合航行:

首先,你可以通过海图(跟地图的作用一样,海图标明了海中的一些情况,例如水深、底质、礁石、危险物、商船航道等信息,可以下载《中国海图符号识别指南》以自学海图的使用)掌握水域的具体情况;

其次,还可以从当地的俱乐部和培训学校获知;

最后,还可以把这个任务交给带你学习帆船的船员或者教练等熟悉附近海域的人,由他们带你航行。

需要注意的是,在港口附近航行时,你要避开航道,特别是在有商船经过的水域,尽可能选择海图上的沿岸通航带行驶,这样做能让你远离大风浪和强水流的影响。小帆船很少具备机械动力,在遭遇无风或者器材损坏时,能依靠的可能只有船上的手划桨或者附近的其他动力艇。一般在沿岸通航带会有安全水域标志或者娱乐专用标,通常会聚集一些玩水的人,在这些区域航行能够减少一定的风险。

在此还要特别强调一下,海图的水深信息是在海图深度基准面下呈现的数据,即以理论最低潮位为基础下的数据。由于海水会受到天体(主要是月球和太阳)引力的影响形成**潮汐**,实际水深要

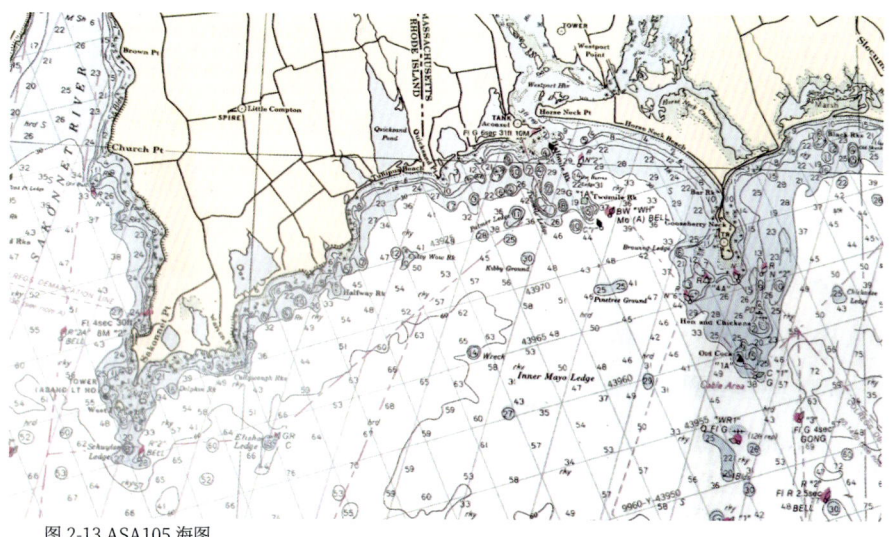

图 2-13 ASA105 海图

第二章 安全知识

结合潮汐信息进行叠加，潮汐即海面周期性的升降运动。在潮汐周期中，海面上升的过程称为**涨潮**，升到最高时称为**高潮**；海面下降的过程称为**落潮**，降到最低时称为**低潮**。

所以海水的实际深度会随着潮汐的升降而变化。因为水的实际深度会对船只航行产生影响，所以你要查询潮高信息叠加在海图水深上，再结合船只的吃水情况选择合适的区域进行航行，特别是在实际最低潮位低于理论低潮位的地区。潮汐除了带来水深的变化还会使海水产生周期性的水平方向的流动即潮流，近岸的潮流基本都属于往复流，也就是在不同的时间潮流会在两个相反的方向上发生流动。这会对你的航行轨迹产生一定的影响，在无风天气可能会让你随着涨落潮的水流离岸越漂越远或者越漂越近，所以在出航前查询当地的潮汐信息对航行很重要。

往复流的流速是在不断变化的，在转流时流速可视为 0 节，转流的时间并非都在高潮或者低潮时，很多地区转流的时间会在高、低潮后 3~4 小时，某地具体信息还要查询《航路指南》和《潮汐表》等资料。

潮流的最大流速出现在两次转流中间时刻，转流后流速从为零开始逐渐加速到最大流速，然后逐步由最大流速减弱为零到达下次转流时刻。考虑潮流影响会让航行更加安全。

当然，如果你在内湖水域航行就不需要考虑潮汐的影响了，虽然江河里面除了入海口附近会受到潮汐的影响外，其余地方的水流方向是固定的，但在江河中靠近岸边或者拐角处的水流和江河中间的水流通常不一样，水流由于岸形和水下地形的变化，还会出现相反的流向和漩涡，航行时最好避开这些地方。

想了解更多当地航行水域情况，可以咨询附近航海俱乐部或者长期在此水域航行的船员们，这可能比初学者自己查找资料要便捷得多。

查询潮汐和风的方法推荐以下：

（1）Web：

海事服务网 CNSS：www.cnss.com.cn/tide

（2）App（以下 App 包含天气、潮汐、风况、海图）：

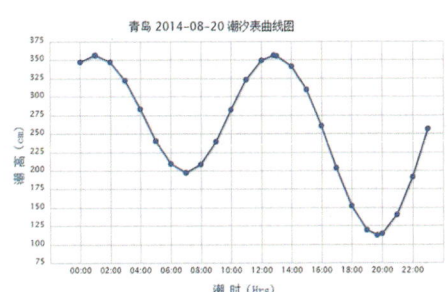
图 2-14 潮汐表中不同潮时对应的潮高信息

图 2-15 手机或者平板电脑 App

第三节 天气知多少

天气对于帆船这项运动来说是必须考虑因素中的重中之重，因为帆船运动是"靠天吃饭"的一项运动。帆船航行需要靠风，但是风速要适中，太大或太小都会影响你体验帆船的乐趣。

计划出海前，一定要查询实时和未来的天气预报，当然之前的实际天气也会起到一定的指导作用。在有大风预警、强对流天气甚至极端天气时切勿下水。如果强行出航，后果可能无法想象，不能为了寻求刺激而在超过自己的控制能力范围的天气出航，量力而行对于帆船这项运动来讲非常重要。我们要一直秉承着安全、快乐的理念从事帆船运动。

获取天气信息的途径有很多种，例如官方的天气节目、官方的气象网站和气象App等。对于小帆船这种级别来说，航行水域相对要小，所以关注的气象资料应该是更为具体的当地信息。

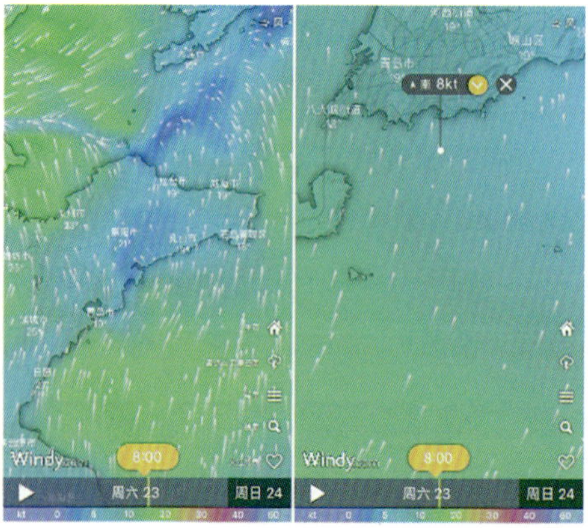

随着各种手机功能的日益强大，这项工作也变得简单有趣，除了要了解下水时的风速、风向，风未来的变化趋势也一定要清楚，这对航行有很好的指导作用。特别提醒的是，对于雷暴这种天气一定要格外注意，如果已经置身于这种天气下的水中，应尽早上岸，确保安全。

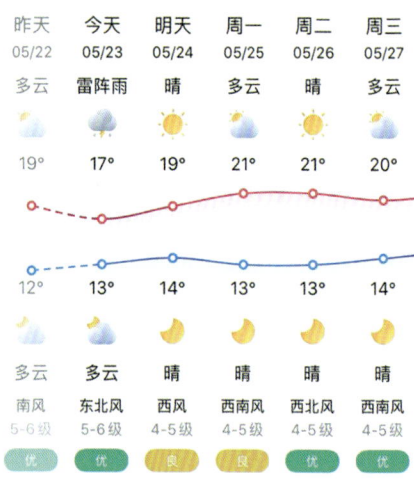

图 2-17 天气预报

另一个要素是温度，预报的温度对我们的着装有指导作用，但是海上实际的温度会随着风的方向和大小发生变化，白天从海上往陆地上吹的风会使实际温度会比预报温度低，反之亦然。

如果有气象传真图，高压（反气旋）中心代表好天气，但是高压中心常无风；低压（气旋）中心代表坏天气，需要多

图 2-16 风力预报

加防范。忽略其他因素，风是垂直于等压线的，从高压吹向低压，等压线越密集风速越大。但是实际的风向会受地转偏向力和摩擦力等因素的影响，在南北半球朝不同方向偏转。除此之外，实际的风还会因为地形地貌的不同发生变化，务必要保证自己在实时的风力海况下有能力驾驭自己的船。

虽然这种方式看起来比较困难，但是了解了一些专业知识后还是比较有用的，有利于你明白天气运动的原理，为以后的进阶打下基础。

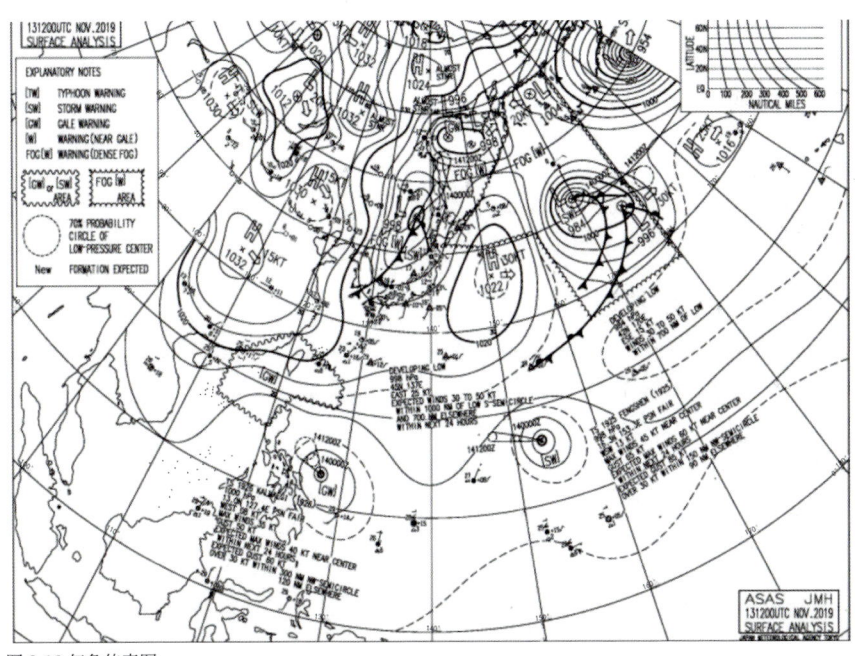

图 2-18 气象传真图

附：练习题

1. 小帆船上必须穿救生衣。_____（判断题）

2. 风浪不大时可以不穿救生衣。_____（判断题）

3. 下水前，如果确定没有教练艇跟随，应将自己的计划告知_____。（填空题）

4. 进行小帆船运动不需要考虑气温，只需要考虑风力情况。_____（判断题）

5. 潮汐现象会带来_____和_____的改变。（填空题）

6. 当气温很低时，我们在开放水域航行时需要穿着_____。（填空题）

7. 小帆船最好在_____的水域进行。（填空题）

8. 进行帆船运动不需要喝水进行补水。_____（判断题）

第二章 安全知识

练习题

第三章 走近帆船运动

第一节 风

帆船运动的动力来源于风，风吹过帆面，驱动着帆船航行于水上。风就是空气的流动，在大气中分为水平运动分量和垂直运动分量：生活中提到风常指空气的水平运动分量，包括方向和大小，即风向和风速；垂直运动分量，即所谓垂直或升降气流，飞行上常关注。帆船运动中主要研究空气相对于地面或者海面的水平运动，这种现实环境中的风称为**真风**，天气预报的即真风，包含风向、**风速**和阵风等信息。在实际环境中风速和风向经常变化，这代表着驾驶帆船也是一个动态的过程，所以掌握风的情况是每一位船员必须具备的基本能力。虽然不同的人对风的敏感度不同，但是总会有一种适合你的方法去驾驭它。

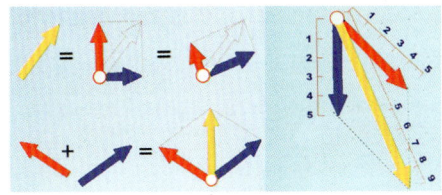

图 3-1 矢量的分解与合成

查看天气预报可以掌握关于风况的大概率的信息，这会让你决定是否能够进行帆船运动，因为无风和风速过大并不适合享受帆船带来的乐趣。开阔水域的风向对于帆船操作来说影响不大，但是在一定程度上会影响上下水或离靠码头的策略。

在驾驶帆船的过程中，如何判断实际的风向是船员必须具备的能力。船员在运动中的船上感受到的风，叫作**视风**，当船只静止时真风和视风是一致的。帆船航行时会产生与船只运动方向相反、大小与航

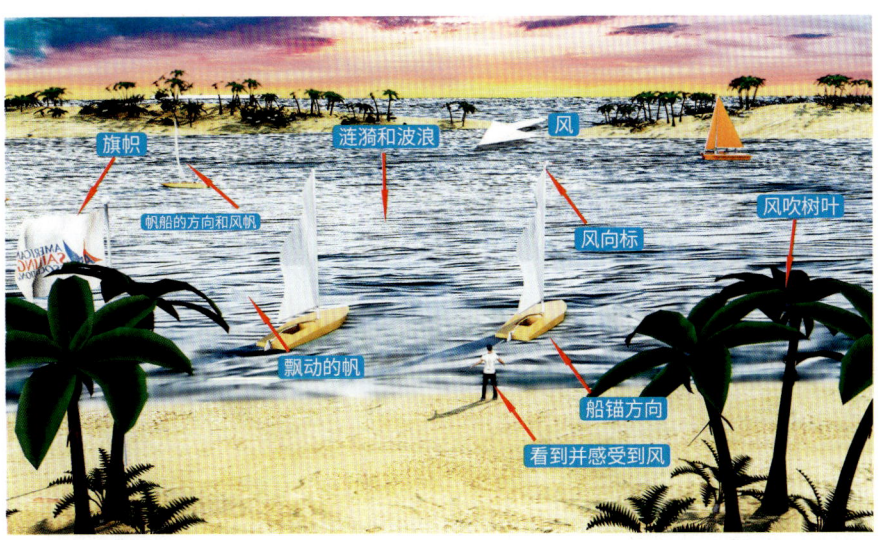

图 3-2 风向的判断

速相等的风叫作**船风**。当环境中无风时，船风就是视风；而当船只在真风中运动时，船上的视风会是由真风和船风的矢量合成的风。

真风和视风的风向可以通过以下方式进行判断：

真风的风向主要是从外部环境中判断，不能从运动的物体上去观察作船只周围的细小波纹是一个很好的指示，千万不要把波纹和浪混淆。**波纹**是水面非常细小的纹路，**浪**的方向在一些情况下和风向是一致的，不过也有很多时候水中的浪是涌浪或潮汐产生的浪，导致和真风风向有些偏差；岸边旗子飘动的方向和烟囱冒出的烟也能指示风向，不过可能会和水里的风向有所不同；没有水流影响下抛锚和系浮筒的船只，船首向也会指示风向；水中其他帆船的航行方向和帆的状态也能帮助你判断风向。

视风风向主要是从本船上的物体观察或者感受：船上人员感受到吹到面部的风，在视风吹到的部位会让人感到比其他部位凉爽；桅杆顶部或者其他部位的风向标也是指示视风；系于上风侧侧支索上的风向线也会起到像风向标一样的作用，但是系于下风侧侧支索或者帆后缘的风向线不建议作为观察风向的物标。尤其是在有前帆的船上，流过前帆的风会被改变方向，所以下风侧的风向和船只上的视风风向不完全一致。

虽然上面列举了很多观察风的方法，但是你可以根据自己的习惯进行观察。只要你能感受到帆船所在区域的风向和风速以及其变化，这对于你来说是迈入这项运动的重要一步，接下来就尽情享受吧！

图 3-3 水面波纹指示的风向

第二节 帆船结构

了解船只结构也是入的知识，只有知道了它们的名称及其作用，你才能充分利用它们，享受水上生活。

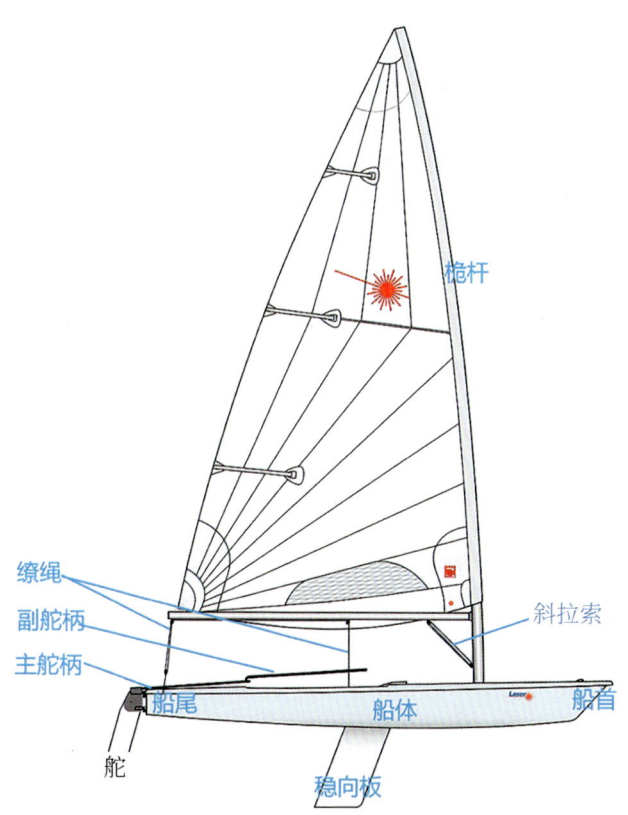

图 3-4 船体结构

1. 船只结构：

❶ **船体**：提供浮力和支撑，一般具有流线型，目的是减小阻力。船体对应部位的术语名称：

A. 船首：又称为船头，船体最前面的部位。

B. 船中：船体的中间部位。

C. 船尾：船体最后面的部位。

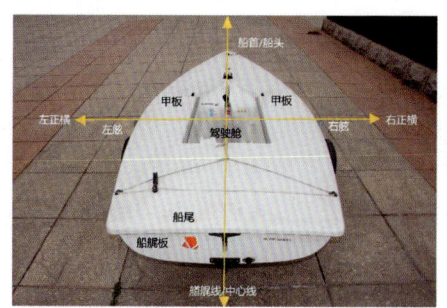

图 3-5 船上的部位

D. 左舷：当人位于船上，面向船首，左手侧的船舷称为左舷。

图 3-6 上风侧与下风侧

E. 右舷：当人位于船上，面向船首，右手侧的船舷称为右舷（当风吹到船上时，先吹到的一舷叫作上风舷，另一侧为下风舷）。

F. 艏艉线：还可以称为中心线，将船按照左右舷分成均匀的两半的一条线（对于左右舷形状不对称的船只来说，可按照水线面形状划分）。

G. 吃水线：常称为水线，在这主要指水面与船体相接的那条线。

H. 正横：垂直于船只艏艉线的左右两个方向。

❷ 驾驶舱：操船时人员所在位置，一般低于甲板，可以使船员有足够的空间避开帆杆移动身体和操船。

❸ 桅杆：用于架起风帆，并将风帆产生的动力传递给船只。

❹ 横杆：还可以称为帆杆或下帆杆，主要目的是张开主帆（桅杆后面的一面风帆），同时可以避免主帆出现类似于前帆在风中抖动的情况，从而保护驾船人员；通过在其上面设置一些索具也能达到更为细致的控制风帆的目的。

❺ 稳向板：设在船只艏艉线上，主要作用是阻止船只横向移动和保持船只平衡。稳向板有两种形式，下图中的插入式的稳向板还可以称为中插板。

图 3-8 稳向板的类型

❻ 舵和舵柄：舵的作用是控制航向，包括改变和保持航向。

舵的方向平行于船的艏艉线称之为正舵，船员通过操作舵柄来控制舵，当舵叶被转到某一侧时，在水里运动过程中会产生阻力，水会推动它朝所在一侧相反的方向移动。船只在转向时是围绕着一个中心进行旋转，此中心被称为转心，位于船中偏前位置附近，所以船头会向舵所在一侧偏转。例如，舵

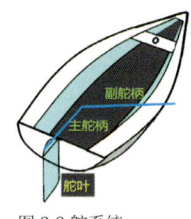

图 3-9 舵系统

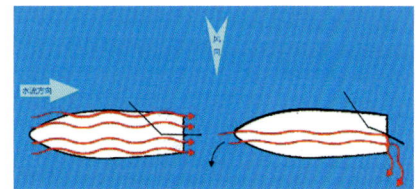

图 3-10 舵的原理

叶转至左舷，船尾会向右偏转，船头会向左偏转，可以称之为左舵。舵柄分为主舵柄和副舵柄，副舵柄可以使舵手不必在主舵柄旁就可以操控主舵柄，从而可以使身体远离船的艏艉线来压舷。

❼ 前支索：提供向前的拉力使桅杆不向后倒，还可以固定前帆。

❽ 侧支索：提供侧向拉力使桅杆

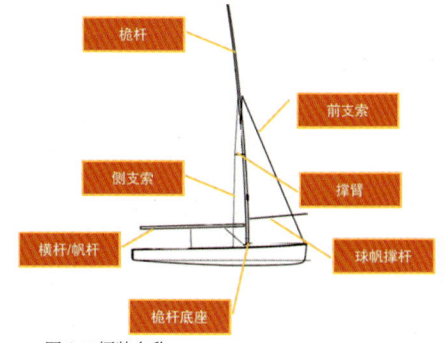

图 3-7 舾装名称

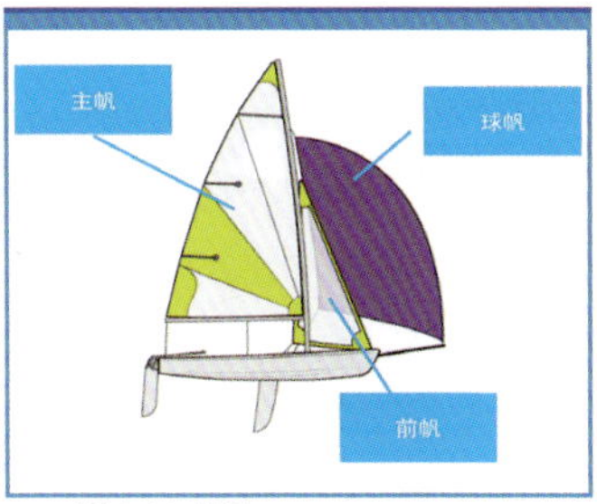

图 3-11 船帆

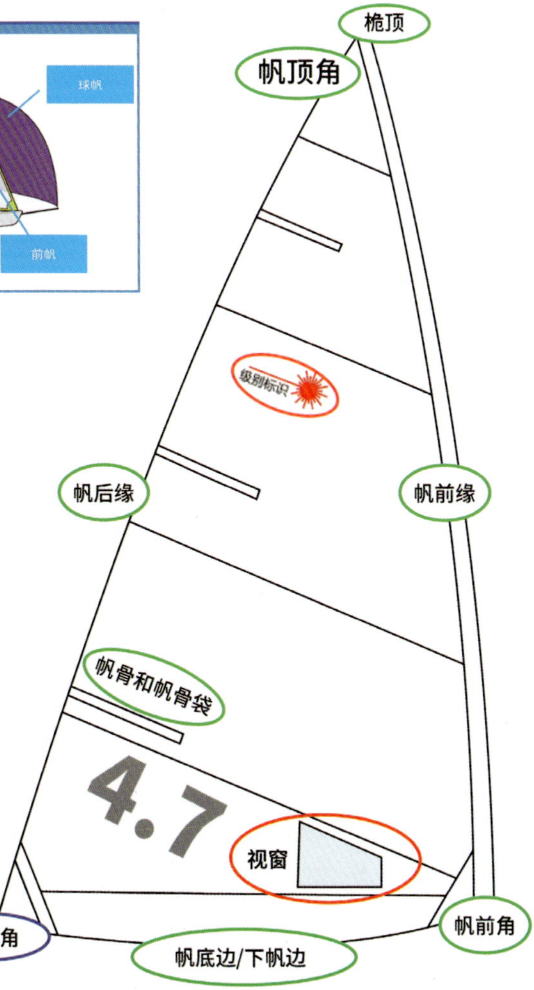

图 3-12 帆的各部位名称

直立不向两侧倾倒，很多侧支索还因为撑臂采用后倾设计，从而提供向后拉力防止桅杆向前倒。这种船上常采用可调后支索或无后支索设计。

❾ **撑臂**：增加侧支索的力矩，使桅杆整体受力更为均衡，船员还可以在撑臂做标记来指示前帆后缘的位置，从而达到快速、精准调帆的目的。

2. 帆及其结构：大多数帆是三角帆，也有部分是梯形帆。

❶ **主帆**：位于桅杆后方，固定于桅杆上的帆。

❷ **前帆**：位于桅杆前方，固定于前支索上的帆。

❸ **球帆**：位于桅杆前方，固定于桅杆和球帆撑杆上的帆，用于横风和顺风航行的帆。

❹ **帆前缘**：固定于桅杆（主帆）、前支索（前帆）或者桅杆与球帆杆之间（球帆）的帆边，即更靠近船首方向上的帆边。

❺ **帆后缘**：更靠近船尾的帆边，常会有气流线固定在上面。

❻ **帆底边（下帆边）**：贴近甲板或者帆杆的那个边，其松紧决定了帆的下部受力中心位置和弧度。

❼ **帆顶角**：与升降索相连的帆角，通过升降索和滑轮把帆顶角拉至桅顶。

❽ **帆前角**：帆前下方的帆角，一般固定在某一位置不再移动。

❾ **帆后角**：固定缭绳（控帆索）的一

图 3-13 缭绳

图 3-14 斜拉器

图 3-15 主帆后拉索

图 3-17 吊钩

个角，主帆是连接帆杆尾部的后拉索上的那个帆角，从而可以控制帆的中下部的弧度。

⑩ **风向线和气流线**：由轻质毛线或者球帆帆布制成，固定于帆的弧深附近和帆后缘。主要作用是便于人员观察气流流过帆面时的情况。

⑪ **帆骨和帆骨袋**：帆骨作用就是使帆呈现出该有的弧度的细长板条，帆骨袋作用是把帆骨固定在帆上相应位置的口袋。

⑫ **帆边绳**：是缝制在帆边缘防止帆边撕裂的绳索，现在经常被包裹起来，并省略滑块直接放入桅杆或桅杆的导槽中。

3. 绳索和其他器材的介绍：

❶ **缭绳**：又称控帆索，直接控制帆的松紧，在水平方向上控制帆杆与船的艏艉线夹角大小；当帆杆靠近艏艉线的时候，缭绳还可以控制帆杆与桅杆的角度，即控制帆杆垂直方向上的运动。

❷ **斜拉索**：控制帆杆与桅杆的角度，即帆杆的高低，主要用于缭绳放松时控制帆杆与桅杆的夹角，间接控制后缘的松紧和无支索桅杆的后倾。

❸ **主帆后拉索**：控制主帆底边的松紧程度。

❹ **前角下拉索**：控制主帆前缘的松紧程度。

❺ **压舷带（吊钩）**：压舷带通过固定船员的脚或腿，吊钩通过挂住船员的吊裤（腰钩或者坐钩），可以使船员的身体探出船舷外进行压舷从而使船只被压平。

❻ **滑轮**：通过在合理的位置设置滑轮或者滑轮组可改变船上绳索的穿行方向和控制端的受力大小。

❼ **夹绳器**：在控制端对绳索进行固定，从而使人能够腾出手操作其他索具。

图 3-16 前角下拉索

图 3-18 滑轮、夹绳器和绳索

第三节 航行角度及航行原理

船首向就是船首所指的方向。航行角度，是以帆船为主体，假设风向不变，当船首向发生变化时，船首方向与风向的夹角也发生变化，即帆船的航行角度发生变化。也可以用帆向角来表示，帆向角是以风为主体，假设船首向不变，风会可能从任何一个方向吹来，即帆向角发生变化。

首先介绍一下四个基本方向（东 E、南 S、西 W、北 N）：一个人在地球上的位置与地心连线称为测者铅垂线，在地球外部垂直于测者铅垂线作一平面，把地理南、北极点和测者所在位置的三个点连起来形成的圆投影到之前的平面上在直线叫作南北线，靠近地理北极的就

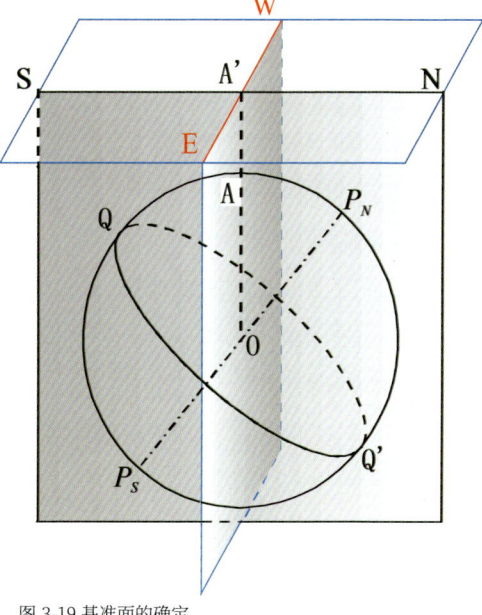

图 3-19 基准面的确定

是方向正北，靠近地理南极的就是方向正南；在平面上做一直线和南北线垂直即为东西线，平面上北下南，方向为左西右东。下面我们介绍两种表示方向的方法。

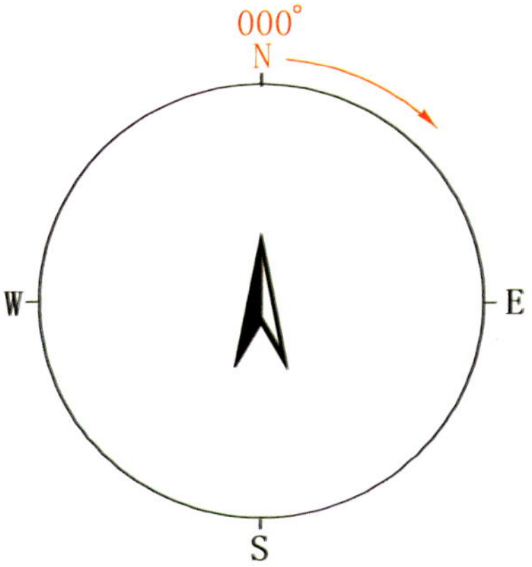

1. 圆周法：整个平面当成一个圆，就像一个钟表，一圈是 360°，12 点钟方向为正北 000°（360°），3 点钟方向为正东 090°，6 点钟方向为正南 180° 和 9 点钟方向为正西 270°。小帆船上可能会根据需要配备罗经，如果是电罗经就是通过显示度数指示船首方向。如果配

图 3-20 圆周的基本方向

备磁罗经，显示的度数会比电罗经读数误差大一点。

2. **罗经点法：** 按照不同的方向把360°分成32等分，32个点分别表示不同的方向。查询天气预报时，所接收到关于风的信息就是用罗经点法表示的，只是陆地上风力预报使用的罗经点数量会少一些，从而描述风大概的方向。

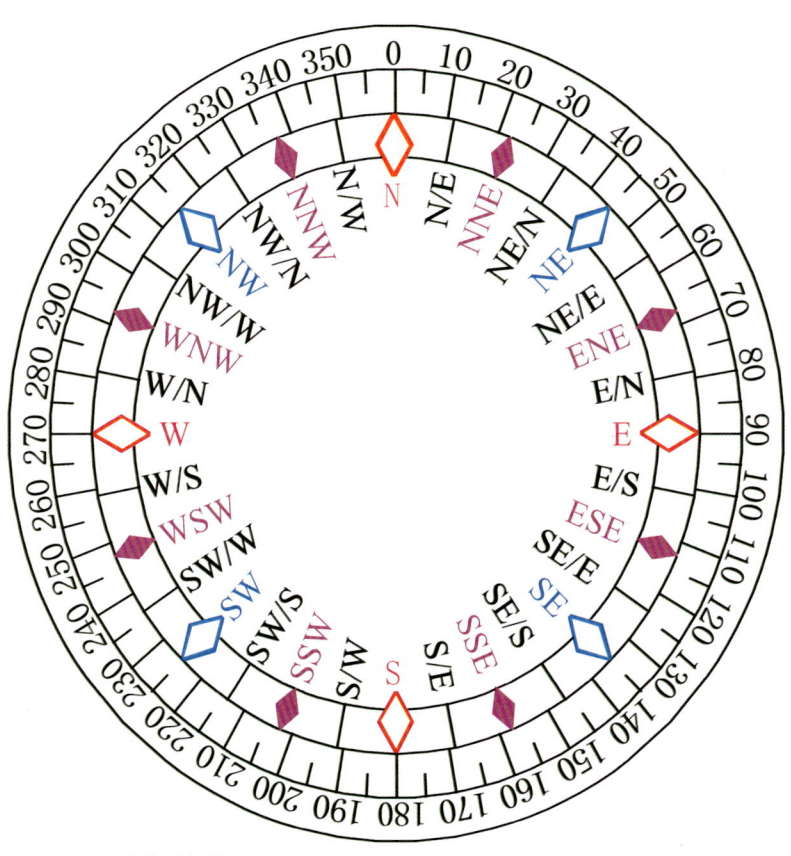

图 3-21 罗经点法（内圈）

以上两种方法主要是描述方向，如果强调船只的受风舷，那么第三种半圆法可能更适合。风可能从船的任何方向吹来，如果把船作为中心，艏艉线作为直径画一个圆，这个圆按照左右舷分成两个半圆，把船首向定义为0°，那么船首向与风向的夹角就是左舷0°~180°或右舷0°~180°，这个夹角叫作舷角，即风向和船舷的夹角。例如舷角为右舷10°，表示风从船只右舷和船首向夹角为10°的方向吹来。利用舷角你可以很容易理解并掌握帆船航行角度的划分。

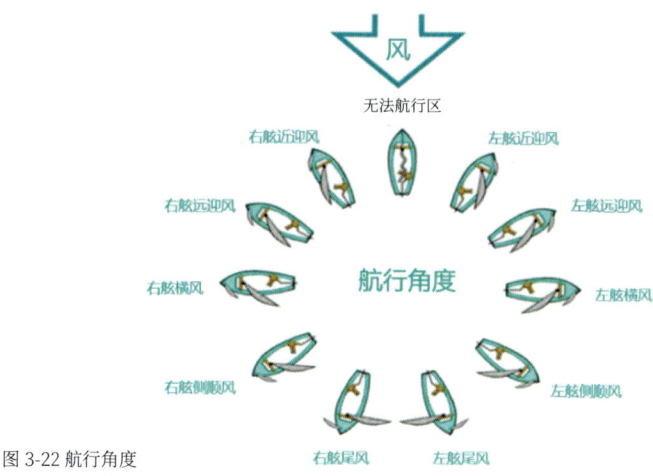

图 3-22 航行角度

随着舷角的变化，航行角度主要有以下几种航行原理：

序号	航行角度	描述	风的舷角	帆的位置
1	近迎风	船首向与风向夹角最小的航行角度，比赛时迎风段最有效的航行角度，小于此夹角会陷入无法航行区。	40°±5°	收到最紧 ↓ 完全放出
2	远迎风	船首向与风向夹有增大，适合在向岸风时，船只下水离开岸边时采用。	45°~80°	
3	横风	风从船只的正横方向吹来在只有前帆和主帆的情况下，速度最快的航向，起航前在起航线上来回穿行采用的航行角度。	80°~100°	
4	侧顺风	风从船只的侧后方吹来	100°~170°	
5	尾风（正顺风）	风从船只的正后方吹来	左舷170°~右舷170°	
当船首向对准风向时，我们称之为正顶风航向，左右近迎风航向到正顶风航向组成的扇形区域称为无法航行区，帆船在此区域内无法航行，容易被困其中，不过驶入此区域却是一个减速的好方法。				

1. **升力模式**：帆像机翼一样工作，气流通过帆的前后面产生压力差，与机翼不同的是，机翼是硬的，帆是柔软的，需要更大的迎角保证风能将帆鼓起来，然后才能产生升力。但是迎角是根据帆弧的深度而定的，在固定帆型下，只有一个理想的迎角，你需要找到它。当船只静止时，视风就是真风，根据真风的方向调整帆与风的夹角产生升力为船只提供动力。随着船只运动起来产生船风，帆就要根据视风的变化逐步调整来获取最佳的动力。近迎风、远迎风和横风均是采用动力模式。

2. **推力（阻力）模式**：帆和降落伞工作原理相似，都是"兜"住风，但是由于降落伞自身是运动的，空气是静止的，降落伞利用的是空气的阻力。而帆船运动，船是静止的，风是运动的，所以风遇到帆会推着船前进。侧顺风和尾风采用的是此动力模式。

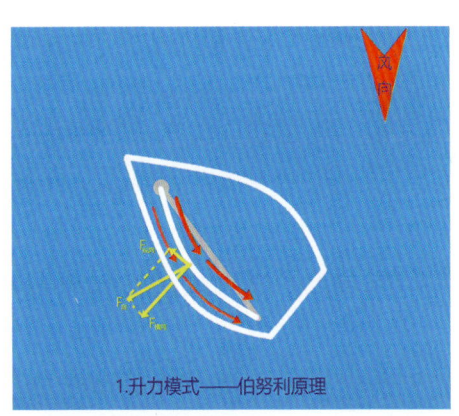

图 3-23 升力模式的原理

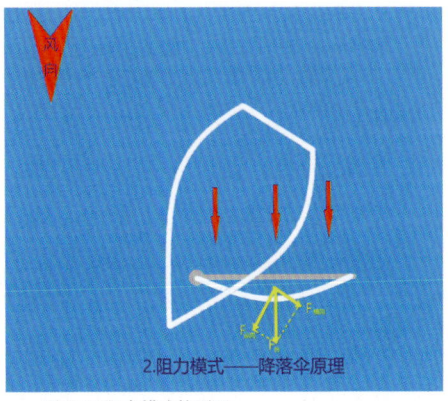

图 3-24 阻力模式的原理

第四节 掌舵和调帆

改变船首向即为转向，体现在船首向与风的夹角或者罗经航向的改变。对应的动作叫**掌舵**，当然掌舵不只能改变航向，也能达到保持航向的目的。转向分为迎风转向和顺风转向，**迎风转向**就是船首向和风的夹角越来越小，**顺风转向**是船首向和风向的夹角越来越大。

当迎风转向，船头越过无法航行区，到达另一舷近迎风航向时称为**迎风换舷**；当顺风转向，船头通过尾风区，主帆从一舷换到另一舷时，称为**顺风换舷**。掌舵时，舵手坐于上风舷，推舵柄时船头往上风转向，拉舵柄时船头往下风转向。舵手位于下风舷，推舵柄时船头往下风转向，拉舵柄时往上风转向。

舵的工作原理是通过流过舵表面的水流对舵（叶）产生一个作用力，此作用力

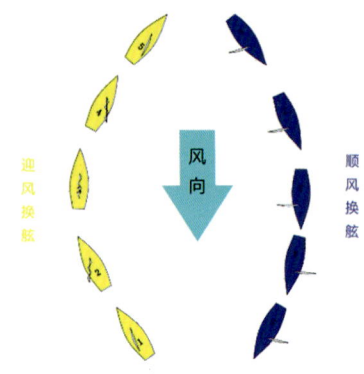

图 3-26 迎风换舷和顺风换舷

会将舵（叶）和船尾推向舵（叶）所在一侧相反的方向，并使船头和船尾形成以船只的转心（船首后 1/4~1/3 船长的位置）进行中心对称地转动，船头的偏转的方向即为舵叶所在的一侧。掌舵时的注意力需要集中，但是关注的点要在船只运动方向的前方、帆和风向之间变换。

如果你能驾驶帆船行驶一条直线，调帆的技术学起来会比较容易。调帆的同时，船的速度和倾斜角度会随之变化，船只整体的受力平衡可能被打破，从而导致被迫转向造成船只偏离原来的航线。此时，你要用舵柄稍微做些调整，来阻止航向偏离，以重新回到那条最佳航行角度的航线上。

当你掌舵使船首向稳定在某一方向上，罗经读数不变时，这种掌舵方式叫作**把定航向**。当船头朝上风偏转，你需要使船头朝下风转向，即舵叶转至下风

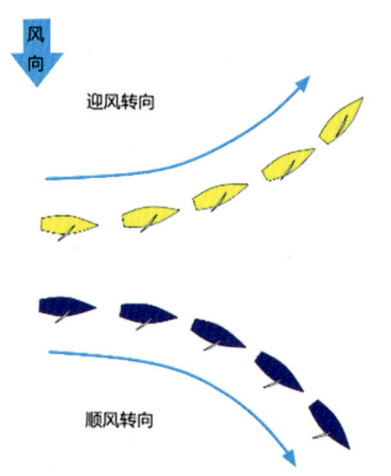

图 3-25 转向（偏转）

侧，这时你要将舵柄拉至上风侧；船头朝下风偏转，你需要使船头朝向上风偏转，即舵叶转至上风侧，这时你要将舵柄推至下风。换句话说就是，船头往哪侧偏转，舵柄就要被移至哪一侧。当船头对准指定航行时，**舵要回到正舵**，这非常适合初学者掌握把定航向行驶一条直线

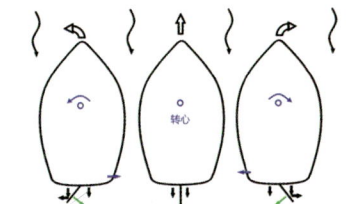

图 3-27 转心以及转舵时船首尾的运动方向

的操作。但需要注意的是，每次掌舵时角度不要过大，舵角过大会产生倾斜力矩，而且不便于保持航向，所以保持航向常需要小舵角调整（微调）。船在偏转的时候是有惯性的，你需要提前将舵回正，提前的时机主要考虑之前偏转的速率。当你需要大角度转向时，可以使用大舵角，缺点是舵角越大，阻力也会越大，从而降低你的船速。

调帆主要是指通过缭绳控制帆与船只艏艉线的夹角（即帆向角），主要参考的因素是视风，除此之外更为具体的是控制帆在不同风力条件下的形状。除了关注夹角大小以外，可以选择的参考点还有帆中部和后缘的气流线。但是视风的方向会随着船速的变化而变化，所以要求你要具备随机应变的能力，不断调整风帆的受力来适应当时的情况。

飘帆：在迎风和横风航行角度范围内，把主缭完全放松；帆就会像旗帜一样抖动，

图 3-28（1）飘帆——速度缓慢

不再正常受力，船员身体可以回到舯艉线上或者向下风侧移动。由于帆不再受力，船会减速、停下来或者下风流缓慢移动。虽然帆不再正常受力，但帆的抖动还是会产生拖拽力，加上船体受风流影响，船只航向可能会发生变化，此时需要用舵和移动身体稳住航向。

半满帆：维持之前的航向，开始收紧缭绳，观察帆停止抖动的过程。随着缭绳的收紧，帆后缘最先受力，帆的受力面积逐渐向帆前缘扩展，直到有一半的帆面积受力。此时帆的后半部已经完全受力，而帆前缘仍然还有抖动，这就是半满帆状态。随着帆逐步受力，船体倾斜也会增加，可以将身体稍微向外移动一下，调整重心位置，预防船的侧倾。想要使你的船速在最短时间内由静止加速到全速，这个过程是一定要经历的，就算持续时间很短，也具有很重要的意义。

图 3-28（2） 半满帆——慢速

满帆：在半满帆的状态下继续收紧主缭，直到帆前缘的抖动刚好消失，而帆看起来受力均匀并且饱满。船速会逐步提升到当前状态的最快速度，不过随着船速的提升，就算你没有放出缭绳，在帆前缘还会出现一些时隐时现的抖动，这就是因船速变化后，视风方向的变化带来的，这时候需要再收紧一点缭绳。总结一下，收帆时由快到慢地收紧缭绳会让速度在最短时间内提升至最高，而不是直接快速完全收紧缭绳。

在直线航行过程中,可以练习把缭绳松放出一点,直到前缘再次出现抖动,然后再收紧,直到帆前缘的抖动刚好消失,这是验证你的帆是否处于最佳状态的方法,当然这需要在你行驶一条直线的前提下。除此之外,观察气流线可以给你提供更详细的信息,让你通过其他索具将帆的受力调到最佳。

在顺风角度上,帆是以**推力模式**工作的,这种情况下,帆是不会飘帆抖动的,所以你只需要调整缭绳,让风向垂直于帆杆。

在练习调帆的过程中,首先应化繁为简,由于初学者的经验和精力有限,所以只用一根缭绳控制单面帆的效果最佳。然后关注缭绳松紧对帆状态的影响。在一些具有很多微调索具的船上,你尽可能在岸上把这些索具设定在适合各种角度航行的位置上,然后在水中不再调整,只练习调整缭绳。

图 3-28(3)满帆——快速

第五节 无法航行区和危险的尾风区

帆船是无法顶风前行的，必须和风保持一定的夹角才能航行。从风向到帆船左右两舷的近迎风航向形成的扇形区域称之为无法航行区（或不能航行区域）。无法航行区的大小会随着船的种类以及风的大小而变化。

无法航行区：当船失去速度停下来，船的航向指向无法航行区，这时你就被困在了无法航行区。由于此刻没有了船对水的相对运动，所以正常的转舵也不会产生任何效果，想要摆脱无法航行区，需要快速或者突然摇舵，船员也可以把帆反向受力来获得向后的推力使船发生转向来重新获取船只的控制权。

在航行时近迎风角度不要跑得过高而导致被困在无法航行区，尤其是多体船更容易被困。除了在正常航行时容易受困外，换舷也是被困的另一频发时间段，多体船由于有多个船体会在转向时产生更多的偏转阻力，会在船首接近正顶风时完全失去速度，这就需要平时多加练习来熟练操作，顺利通过无法航行区。

危险的尾风：尾风区虽然不会像无法航行区那样会把船困住，却是最危险的一个区域，由于此时的帆杆会被放出90°或更大角度而使得帆杆的活动范围异常的大。

这个时候帆杆运动会显得格外突然和不受控制，对人的威胁是最大的。面对这样的问题，驾船时要十分小心（多注意帆后缘的状态），结合风流情况控制好航向，避免发生顺风意外过帆的情况。

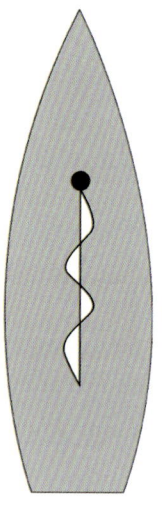

图 3-29 进入无法航行区

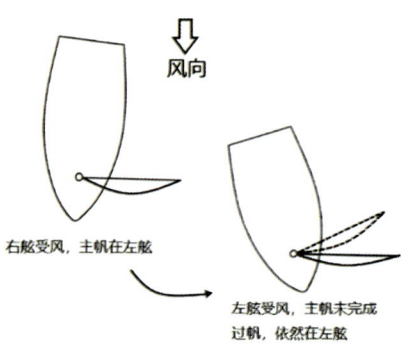

图 3-30 背风航行

顺风意外过帆是帆杆在不受控制或不在预料之中的情况下，突然越过正顶风扫过船的艏艉线造成顺风换舷的突发险情。很容易击中船员们的头部，对人造成创伤，严重的会危及生命，也容易造成倾覆，所以在尾风航行时一定要格外注意。

通常的尾风航行并不容易发生意外过帆，但是一旦有浪影响航行时，意外过帆就可能出现，导致"死亡翻滚"（倾覆）。在"死亡翻滚"前，船只先进入背风航行的状态，背风航行即船体按照实际风向相当于完成了过帆的转向，而帆由于被放出太多而没发生实际的过帆，形成了人坐在下风舷、帆在上风舷的情况。由于帆上的力是向下风方向作用的，加上人员的重量，会加速船只倾覆的速度，即"死亡翻滚"。

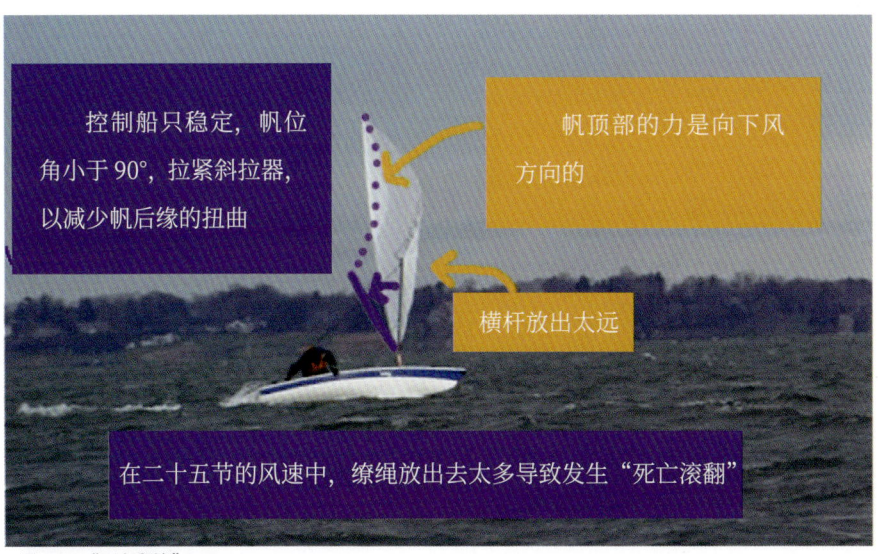

图 3-31 "死亡翻滚"

附：练习题

1. 帆船运动动力来源的两种原理：＿＿＿＿ 和 ＿＿＿＿ 。（填空题）

2. 帆船不能航行的区域称为 ＿＿＿＿ 。（填空题）

3. 控制帆船方向的人称为 ＿＿＿＿ ，常位于 ＿＿＿ 风舷用 ＿＿＿ 控制帆船的方向。（填空题）

4. 船只转向的动作分为 ＿＿＿ 、＿＿＿ 、＿＿＿ 和 ＿＿＿ 。（填空题）

5. 当背风航行时，很容易发生 ＿＿＿＿ ，从而导致倾覆。（填空题）

6. 调帆时，主要观察帆的 ＿＿＿＿ 。（填空题）

7. 当舵手位于上风舷，船只向上风转向应该 ＿＿＿＿ 。（填空题）

8. 当舵手位于上风舷，船只向下风转向应该 ＿＿＿＿ 。（填空题）

9. 舵的作用：＿＿＿＿ 和 ＿＿＿＿ 航向。（填空题）

10. 舵的副作用是 ＿＿＿＿ 。（填空题）

11. 缭绳、斜拉索、后拉索的作用？（问答题）

_____

_____

_____

12. 视风不会根据船速的变化而变化。＿＿＿＿ （判断题）

第三章 走近帆船运动

练习题

第四章 驾驶帆船

第四章 驾驶帆船

第一节 帆船组装

组装帆船是每个小帆船船员必须掌握的技能之一,并且同样充满乐趣。亲手把每个索具根据自己的习惯装好会直接影响下水后操作的效果,这也是一个技能水平的体现。下面我们主要介绍三种船型:OP 级、激光级和 Hobie。虽然每个船型会有一定的差别,但是大体的装船流程还是比较相近的,可以作为一个参考。

OP 级帆船组装步骤

未安装稳向板和舵的 OP

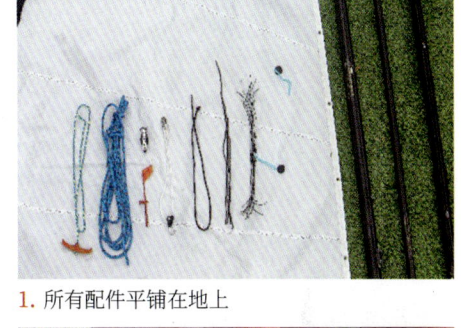

1. 所有配件平铺在地上

2. 帆、桅杆和帆杆摆放好

3. 用绑帆绳将帆前缘和底边固定在桅杆和帆杆上

4. 连接主帆后拉索

5. 固定帆后角

6. 固定帆顶角

7. 固定风向标

8. 安装斜衍索具

9. 固定斜衍前端

10. 固定斜衍后端

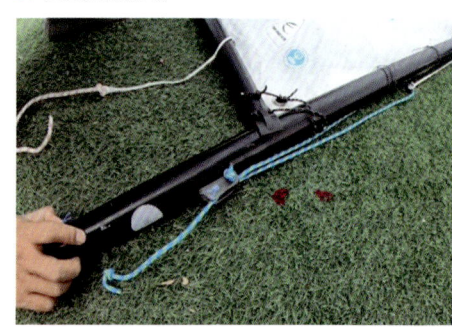
11. 斜衍下拉索穿过夹绳器固定

12. 收紧斜衍下拉索

13. 固定斜拉器

第四章 驾驶帆船

帆船组装

14.完整的帆装

15.固定压舷带

16.安装浮力气囊

17.立桅

18.插入甲板桅杆孔

19.桅杆落入桅底座，调整桅杆倾角

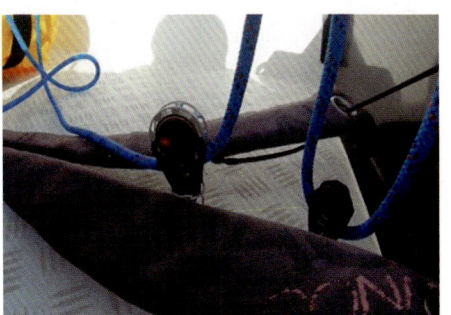
20.安装滑轮和缭绳

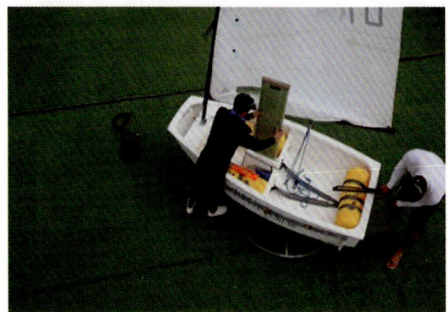
21.安装稳向板和舵

激光级帆船组装步骤

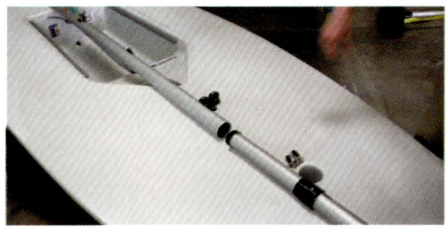

1. 将两节桅杆取出,准备对接在一起,可以在接触位置用电工胶布缠绕,减轻磨损以及减小接缝处的间隙

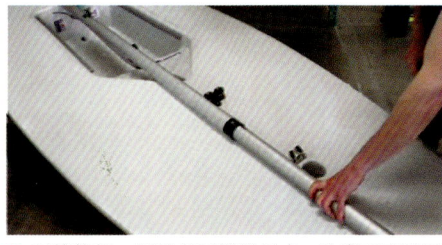

2. 对接桅杆,如果有对接的标志,注意对齐即可

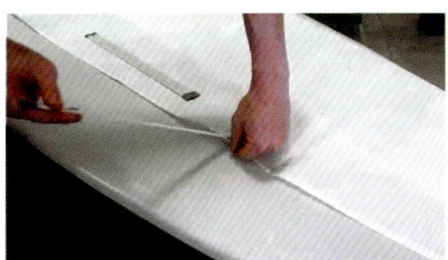

3. 将帆展开

4. 插入帆骨

5. 将帆前缘套在桅杆上

6. 立起桅杆,插入桅杆套筒内

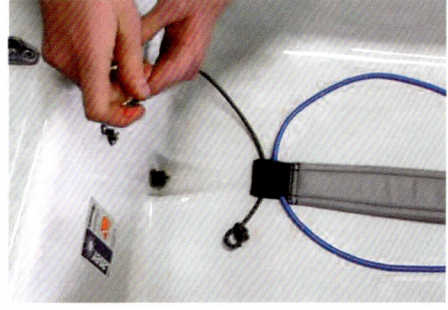

7. 连接压舷带,控制好长度,方便脚的固定

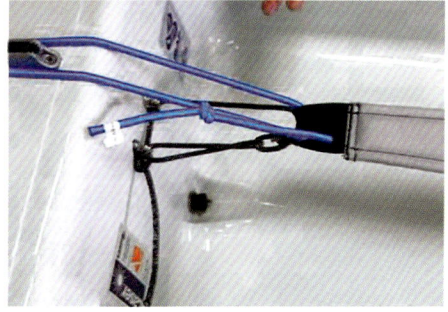

8. 用松紧绳将压舷带提起,保持紧绷状态

第四章 驾驶帆船

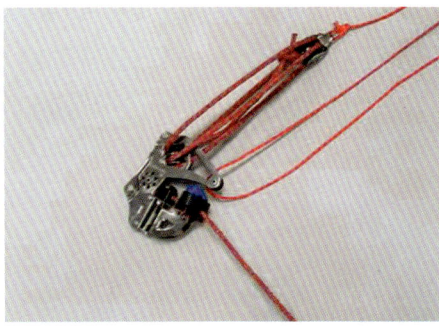

9. 将斜拉器的滑轮组安装好

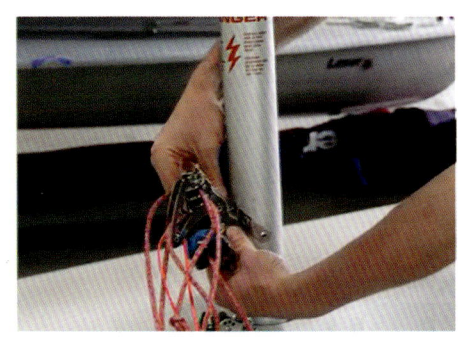

10. 将斜拉器固定于桅杆上

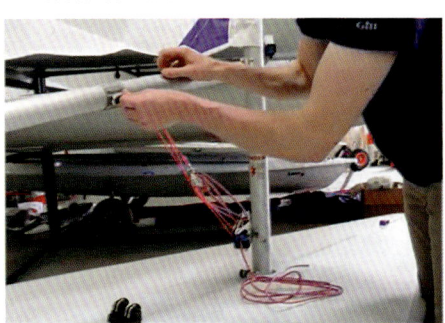

11. 斜拉索另一端固定于帆杆上

12. 调整一下斜拉器的绳索

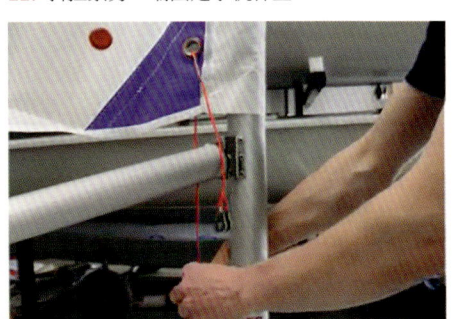

13. 安装前角下拉索

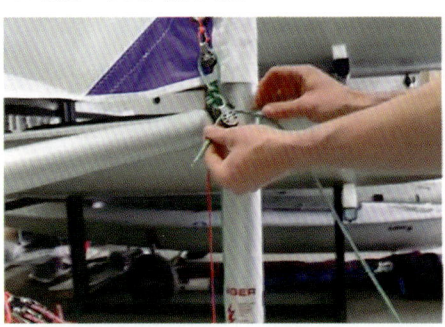

14. 根据需要设置不同比例的滑轮组

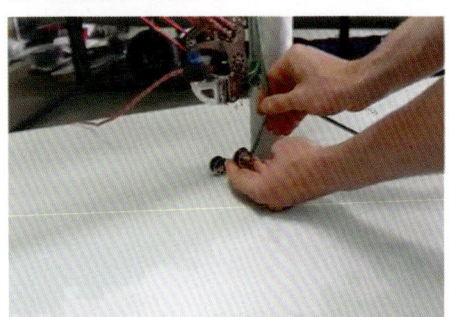

15. 下拉索的控制端通过桅杆底部的滑轮，导向甲板上的夹绳器

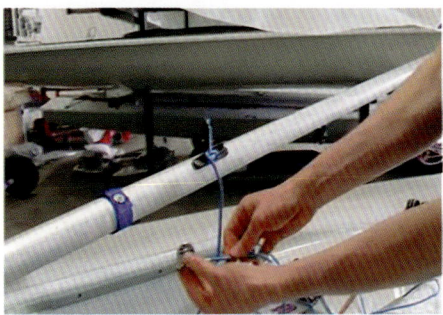

16. 安装后拉索

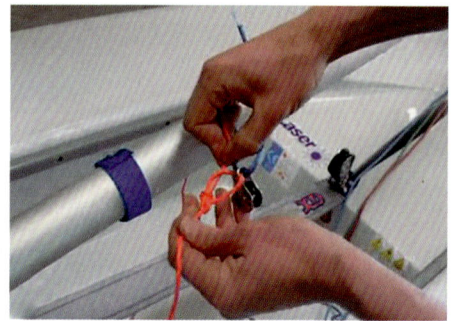

17. 根据需要设置不同比例的滑轮组

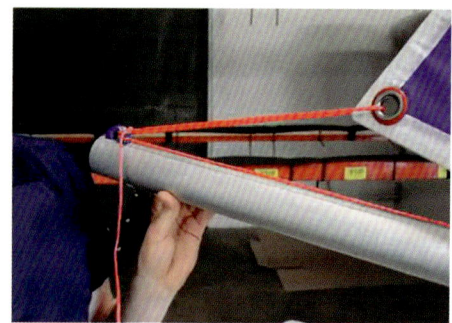

18. 将后角与后拉索连接

19. 用细绳将后角固定于横杆上

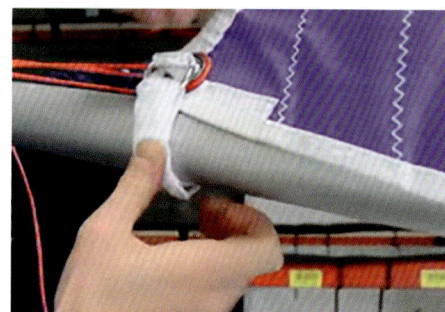

20. 或用魔术贴固定后角，使横杆与帆同步运动

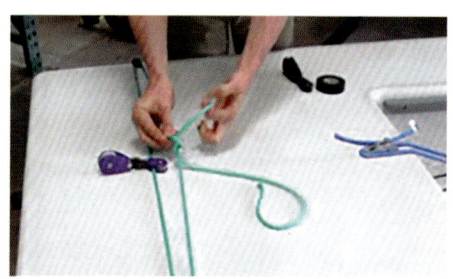

21. 安装主缭滑道，将滑轮组一端固定于靠近尾部那条绳索上，绳索一端打一个单套或插接一个绳圈，用另一端（控制端）穿过后打一个半结

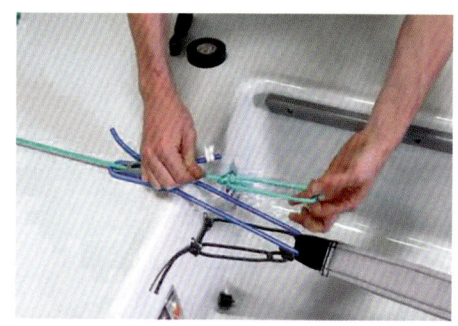

22. 控制端穿过夹绳器后，打一个单套结

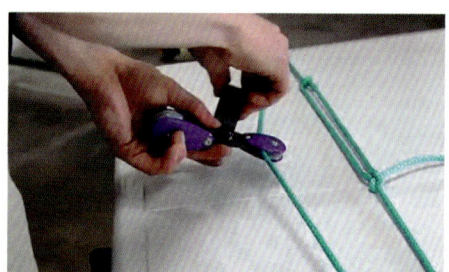

23. 滑轮组之间用电工胶布缠绕一下

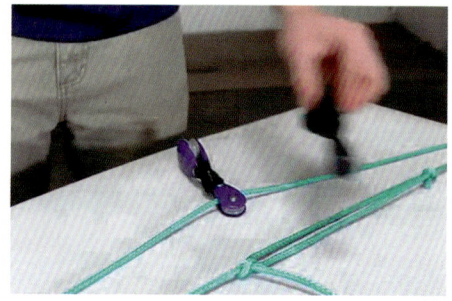

24. 收紧控制端，使滑轮不会被缭绳抬起，但又能在滑道上顺畅移动

第四章 驾驶帆船

帆船组装

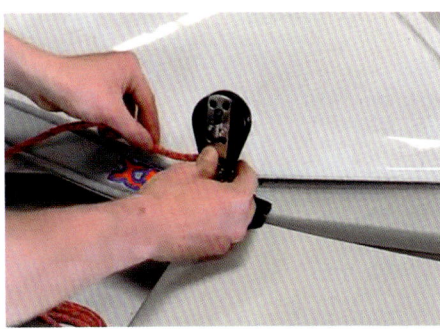

25. 主缭绳从控制端的滑轮开始穿行

26. 穿过横杆底部的滑轮

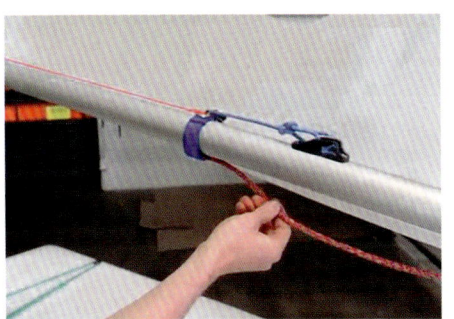

27. 穿过横杆上的绳圈，避免缭绳松弛时挂到人身上

28. 穿过横杆尾部滑轮

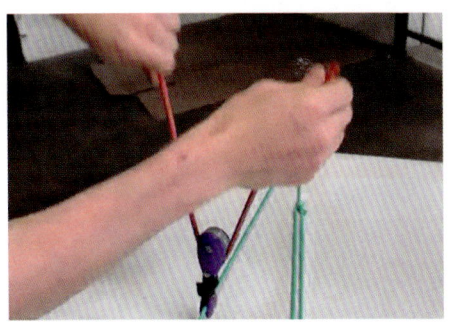

29. 穿过滑道上顶部的滑轮

30. 将末端固定于横杆尾部的滑轮上

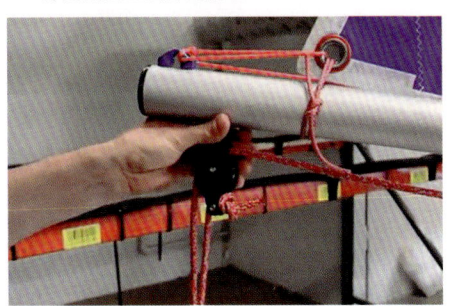

31. 注意缭绳不要穿过固定帆后角与横杆上的细绳或者魔术贴

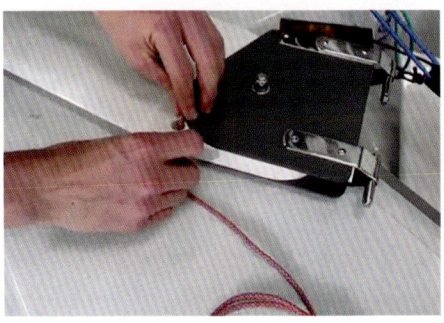

32. 安装舵的收紧索

33. 将舵叶的收紧索固定于主舵柄的夹绳器上

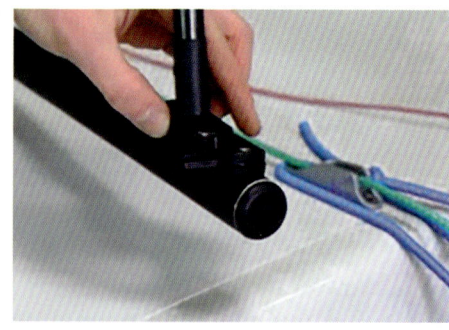

34. 安装副舵柄

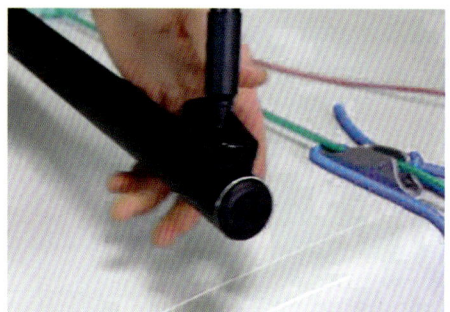

35. 固定副舵柄的底座,也可以用电工胶布缠绕

36. 在桅杆底部设置一个固定的绳圈

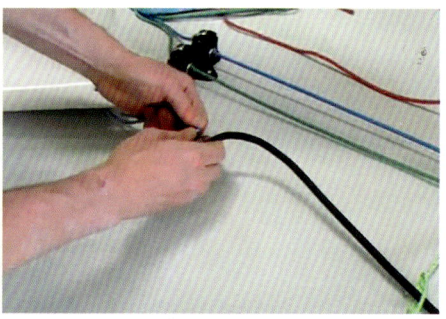

37. 将控制稳向板的松紧绳的一端穿过刚刚设置在桅杆底部的绳圈,与稳向板顶部绳圈相连

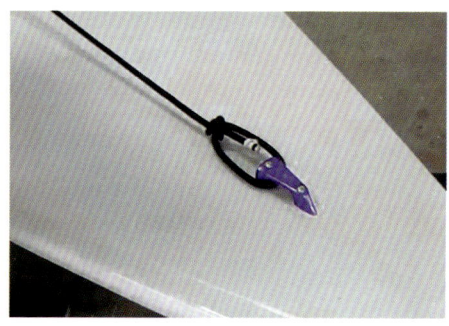

38. 松紧绳的另一端固定在船首的绳桩上

Hobie gateway 组装步骤

1. 组装好船体

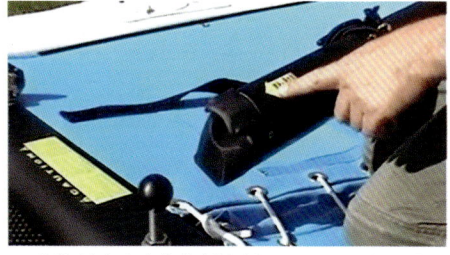

2. 将桅杆底座卡入桅杆底部

3. 检查前、中支索顶部,保证连接牢固,无折叠扭转情况

4. 将侧支索和甲板上的固定底座连接好

5. 一人拉拽前支索,其他人协助立起桅杆

6. 桅杆立起之后将前支索与卷帆器连接好

7. 调整好前支索的长度

8. 用销子将桅杆底部固定住

9. 用橡皮绳端部固定在前帆缆绳的眼环处

10. 橡皮绳穿过桅杆前端的眼环后,另一端固定在另一侧的前帆缆绳的眼环处

11. 立起桅杆后,准备其他器材

12. 安装舵叶和主舵柄

13. 安装舵柄连接杆

14. 安装副舵柄

15. 连接主帆和升帆索

16. 将主帆前缘放入桅杆导槽中

第四章 驾驶帆船

17. 将帆升起后，将升降索钢丝和绳索连接处卡在桅顶的卡槽中

18. 将升降索固定在桅杆底部的羊角上

19. 用下拉索固定主帆前角

20. 下拉索可以多穿过几次，轻松控制主帆前缘松紧，端部固定于桅杆后部的羊角上

21. 将多比例的主缭绳滑轮组捋顺，端部固定在横梁上

22. 另一端固定在主帆后角上

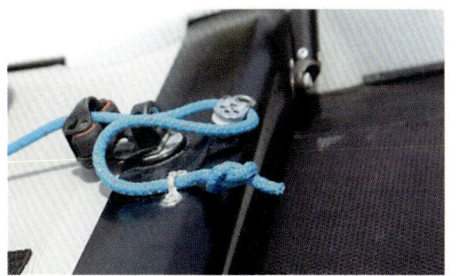

23. 将前帆缭绳固定于前横梁上的夹绳器上

24. 将前帆两侧缭绳上动滑轮固定在前帆后角上

25. 前帆卷帆器的绳索穿过桅杆旁的夹绳器上

26. 组装完成

第二节 首次航行须知

船只组装好以后,准备享受帆船之旅吧。但是一定要做好出航计划,避免因欠缺经验造成慌乱。这也是一个建立信心的过程。

首先,应该根据天气预报选择适合的时间段进行帆船运动,如果在俱乐部或者水上运动学校可以询问相关人员,如果有教练相伴可以听取他们的建议。

其次,确保你已经准备好了所需要的装备和器材,一定要认真检查,否则当你需要它们时只能追悔莫及。良好的习惯是准备一份检查清单,这样可以防止你遗漏任何东西。

接下来组装船只,然后仔细检查所有索具是否正确安装,尤其是缭绳,一定要保持顺畅,端部穿过最后的滑轮或者夹绳器后打一个"8"字结可以防止绳索"跑掉"。

但是如果帆已经升起来了,一定要保持缭绳顺畅并且不被固定。这样可以防止帆突然受力所带来的不必要的麻烦。

对于单人艇来说,船员一个人既要掌舵又要控帆,一般是坐在驾驶舱面向船的艏艉线,靠近船首的手叫作前手,负责控制缭绳;靠近船尾的手叫作后手,负责掌舵。

在收缭绳的时,一般需要两只手同时配合,此时后手不能放开舵柄而失去对航向的控制。

在下水前,可以在陆地上的模拟器上先练习一下相关的技术动作,保证下水后不会手忙脚乱。陆上模拟训练对于初学者是一个非常好的学习手段,教练可以在船旁手把手地传授经验。当然此时舵和稳向板可能无法放下去,不过可以进行调帆和迎风换舷等技术的练习。如果船只不方便在岸上进行转动时,在练习迎风换舷时,可以不升起帆,两人配合,一人操作,另一人通过移动帆杆模拟转向的情景。

最后检查船内部的积水,保证塞子或盖子扭紧,防止水进入船内部。下水前再检查一下是否已经带上所有器材:舵、稳向板、水舀和手划桨,以及其他必需品。这些物品一定要和船只相连避免落水丢失,细小的物体放入相应的储物舱或袋子内。

图 4-3 后手拿舵柄、前手拿缭绳

1. 练习在掌舵的同时，双手配合收放缭绳

2. 练习压舷

3. 练习换舷

图 4-4 陆上练习

现在是时候将自己"打扮得像个老手一样"，拖着帆船从合适的位置下水开始帆船之旅。当然，如果有教练艇或者救生艇相伴水域会让你更加安心。

下面是为你提供的参考清单:

表 4-1 个人装备清单

装备	勾选
救生衣	☐
航海服	☐
防水裤	☐
防滑鞋	☐
帆船手套	☐
防晒面巾	☐
防晒霜	☐
墨镜	☐
帽子	☐
水瓶	☐
防水包	☐
通讯设备	☐
应急包	☐

表 4-2 船只检查清单

拖船绳	☐
上帆角	☐
下帆角	☐
后帆角	☐
斜拉器	☐
万向节	☐
水舀	☐
手划桨	☐
绳末端	☐
组合工具钳	☐
船底塞	☐
折叠锚	☐
浮力气囊/浮力舱	☐

第三节 热身运动

在准备下水前还有一个任务——做好热身运动，这也是预防伤病的好习惯。采用动态拉伸的方式目前被证明效果更佳，接下来我们来做一下准备活动吧！

❶ 颈部运动：头部向前、后、左、右四个方向活动两至三次或者顺时针和逆时针交替旋转颈部。

❷ 上肢运动（手臂、肩关节）：双臂向前伸，手肘朝下，手掌向外扶着固定物体向身体方适量抻压。

❸ 下肢运动（腿部、膝关节）：双腿向两侧打开成90°，转身向右，右腿屈膝，左腿向后蹬直感受大腿肌肉抻压，反之亦然。

❹ 核心（胸、背、腹、腰）：双脚与肩同宽，双手交叉向上伸直，上肢缓慢向后抻拉腹部，然后反之向前向下尽量双手碰到自己的脚尖或者地面。

图 4-5 热身运动示例

第四节 下水

当我们穿戴好装备、检查好船只组件、做了充足的心理准备后可以就下水了！下水的地点主要有四种：沙滩、坡道、浮码头和系浮筒，但沙滩和坡道是一样的方式。

沙滩和坡道出发：主要考虑风向，推或拉着拖车，不要让帆受力，最好保持船首顶风，帆自然飘动。将拖车拖入水中，保证船能靠自身浮力漂起来，防止船和沙子或坡道接触发生磨损，特别是已安装的稳向板和舵，要格外小心。如果有浪，要保持船头顶浪，这样浪就不会对船产生太大的推力，导致船只失控或倾覆。

从坡道出发还有一点要注意的是"脚下生根"，身体重心在移动前一定要保证脚已经稳定在所踩的地方，因为坡道上常会有一些青苔或者其他藻类造成坡道特别

图 4-6 人不要位于船只和岸之间

图 4-7 船头或船尾顶浪

湿滑，而这些藻类生物可能会让你无法"脚踏实地"地发力，极易滑倒，所以在坡道下水时要保证每一步都"生根"。

浮码头出发：从码头下水要比斜坡和沙滩简单，尤其是边上有碰垫的码头，这样你就可以直接把船滑进水中，然后可以先把船固定在码头边上，到船上把稳向板和舵先安装上，这样可以增加稳定性。

图 4-8 脚下"生根"

准备装帆的时候要使船首顶风，把船移动到垂直于风向的码头的下风侧，然后只系一根船头缆或者将船尾缆完全放松使其不对船产生任何作用，也可以移动到平行于风向的浮码头的便于航行一侧，使船头顶风船舷靠于码头。在下水和停靠码头时，要避开垂直于风向的码头的上风侧。这样既方便你离开码头，又减小风浪对船只的影响，等返航时也容易控制速度和距离。

系浮筒的离开方式是最简单的，当你通过手划船或者动力艇上到系在浮筒上的帆船上时，先安装稳向板和舵，然后升起风帆，一切准备就绪后，解开缆绳即可离开浮筒。在+一些水流影响比较大的地方，可能船首不是正顶风，这时候你可以调整缆绳固定

图 4-9 浮码头下水

在船上的位置来使船首顶风。

下水前一定要检查周围环境，检查周围是否有危及安全的因素或者障碍物，例如船下水时桅杆是否有可能会触碰到电线或者其他物体。如果发现有障碍物一定要想办法避让开。

如果你没有拖车拖船，而是人力搬运船只，尽量多找一些人来帮忙。

当吹离岸风时，下水相对来讲是比较简单的，岸边极少会受到风浪的影响。使船头顶风，推着拖车下水，升起帆之后，向下风方向转动船首并上船，采用侧顺风航行角度驶离岸边，待水深足够时放下稳向板和舵。

当吹向岸风时，下水相对有点难度，此时稳向板还没有完全放下，船只迎风驶离岸边的话容易被风浪推回岸上，所以需要你在离开浅水区上船的同时给予船一定的推力产生速度，采用远迎风的航行角度来驶离岸边，等到水深足够了再完全放下稳向板和舵。

图 4-10 搬运船只下水

有时候一些双人艇会考虑到船只在下水前帆会受到风的影响，可以选择在下水后升帆。

当船漂浮在水中时，在保证安全的前提下进行升帆，主要考虑不要被风浪所影响。找到合适的地方后，一般由一名船员站在水中抓紧船，一般抓住侧支索或者船中间靠前的位置，让船头顶风，另一名船员上到船上，上船时重心降低，开始升帆。你可以先把舵和稳向板在下水后先安装好，这样会比较稳定，然后再升帆。

小型单人艇在没有稳向板和舵的情况下会很晃，而且在水中没有人辅助的

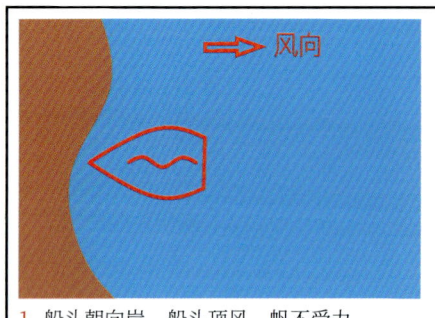

1. 船头朝向岸，船头顶风，帆不受力

2. 推着艇车下水，待船浮起将艇车移除，由朋友或者教练拖至岸上，将舵放下，操船侧顺风离开

图 4-11 离岸风下水

情况下，单人艇在水中升帆不是一个好的选择，所以建议单人艇尽可能在岸上将帆安装完成。

双体船很多都是装好舵和舵柄，舵叶向上翘起离开水面，下水离开岸边后将舵放到水中。如果是没有固定的舵或者稳向板一定要用绳索和船连接上，防止船只倾覆后舵和稳向板漂离船只。

升帆后，水中的船员登船时可以给船只一个速度，前提是要保证人能最终上去。岸边升帆后不要停留太久，帆长时间抖动会影响其使用寿命，帆杆也容易砸到人的头或者其他部位。在离开之前不要让帆受力，否则水中人员会难以控制帆船。

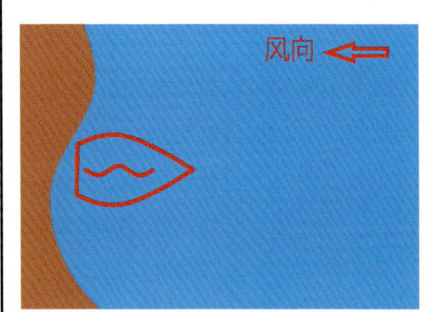
1. 船尾朝向岸，船头顶风，帆不受力

2. 拉着艇车下水

3. 待船浮起后，移除艇车，由朋友或者教练把艇车拖上岸，将舵放下，稳向板插入适当深度，远迎风离开

图 4-12 向岸风下水

第五节 横风航行

离开岸边后，根据风向驾驭帆船到达开阔水域后，最适合初学者的航行角度是横风。这时候风从船只正横方向吹来，你需要坐在上风舷，让帆位于下风舷。如果风先吹到右舷，右舷就是上风舷，左舷就是下风舷，反之亦然。大多数时间，舵手需要坐到上风舷，这样便于他拥有开阔的视野，而且通过压舷便于控制船的倾斜。

图 4-15 横风航行

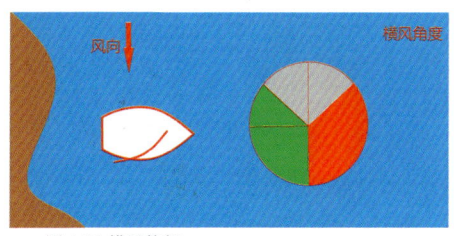

图 4-13 横风航行

大多数船都具有副舵柄和压舷带，它们可以让舵手坐的位置距离艏艉线更远，甚至是身体完全探到船外压舷。通过后手推拉副舵柄掌舵，前手操纵缭绳，用缭绳逐步把帆拉紧，随着速度的提升，尝试用小舵角来回调整一下航向来熟悉副舵柄掌舵的感觉，然后可以把定远处的物标来练习掌舵的稳定性。

等到你对掌舵掌握得差不多了，尝试调帆，将帆慢慢松出去完全飘帆，感受船速度和倾斜角度的变化，等到船快定下来时再逐渐收帆，看着帆从抖动到全部受力的整个过程。在船只**倾斜角度发生变化的时候要合理地移动身体**，但是不要影响掌舵和调帆，利用好压舷带可以让你轻松地移动身体。

在没有水流影响的水域，横风行驶的好处在于你从哪起步，调转船头回来还能回到起步的位置。

在你熟悉了掌舵和调帆的技能之后，可以把稳向板提起一些来减少稳向板产生的阻力，横风航行时稳向板可以提起一半。在此航向上，帆产生的升力会更

图 4-14 横风航行

图 4-16 人员位置靠后导致阻力增大

图 4-17 人员正确的位置——左右平衡和前后平衡

多地转化为向前的动力（相比于迎风），所以这时候船速应该是很快的。

船速快，倾斜角度小，不会被困无法航行区，也不用考虑尾风区意外过帆的危险，还有比这惬意的角度吗？

在航行时，具体坐的位置需要考虑两个平衡，一个是船只的前后平衡，另一个是左右平衡，这样才有利于船只在水中快速行驶。图 4-17 中，人员位置偏后，导致船尾浸入水中太深，船头翘起，需要向前移动。但当风速达到一定速度后，船的速度不断提升，人员位置可以往后移动一些，让船头抬起，然后船只的速度还会提升，进入**滑行状态**。

左右平衡是保持船只尽可能是正浮状态。甲板平行于水面，一旦产生倾斜，桅杆的高度就会降低，船帆受力就会减小，而且稳向板在水中的深度也会变浅导致横移加大。当左右不平衡时，往下风倾斜不仅会产生上风舵，会降低帆的效率，影响船速，也加大了横移。这时，你要尽力把身体探出舷外进行压舷，或者是松一点主缭使上风舵消失。

图 4-18 快速航行

驾驶帆船一定不能偷懒，多尝试，找感觉，会起到事半功倍的效果。当你行驶在横风航线上时，推舵往上风方向偏转，收一些缭绳，会进入迎风航段，拉舵往下风方向偏转，松一些缭绳，会进入侧顺风航段。转舵的同时一定不要忘记身体的移动和稳向板的位置等因素。

第六节 迎风航行

迎风航行是最惊险刺激的航行角度，由于此时船和风的夹角变小，由升力模式产生的横向的分力越来越大，船只产生的侧倾会更大。

除此之外舵手不只需要保持稳定航线，还要保证船帆的受力良好，尤其是在近迎风航行时帆收紧的状态下，舵手要防止船驶入**无法航行区**里导致帆受力变差。

由于风向并不是始终如一的，即使舵手航向很稳定，但是由于风向的变化也会使你进入无法航行区，这就要求舵手需要不断调整才能保持船在最佳状态下航行。

在这个航行角度上，当风速大到船只向下风方向有较大的侧倾时，需要船员们都要坐在上风舷进行压舷，从而减少侧倾，这样桅杆高度才能完全被利用到，使帆能受到更多的风，横移也会减小。

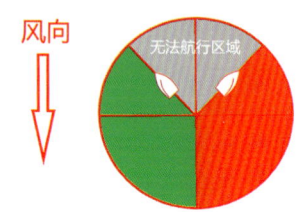

图 4-19 近迎风航行

有时当风速太小时，船只没有侧倾，为了让帆能够产生正常的弧度，使舵上产生一定的舵感，还需要人员往艄艉线上移动，甚至是到**下风舷**进行压舷（反压舷）使船稍向下风倾斜。近迎风航行对舵手要求较高，掌舵必须平稳、精准。

图 4-20 近迎风航行

正常情况下，舵柄上应该是轻松的，所以在掌舵时用力要平稳和放松，无特殊情况尽量不要进行太突然和角度过大地调整。

近迎风航行时，你需要把帆收到最紧，然后精确地调整航向，使帆保持最佳受力状态。通过帆的状态找到那个最佳的角度，此时帆前缘即将飘帆。舵手需要做的就是保持船直线航行，除非风摆时做小幅度适应性调整。这个时候，

图 4-22 迎风

帆上的气流线会给你视觉上更多、更直观的提示，根据内外侧的气流线的不同状态来调整你的航向。

当在大角度迎风时，也就是远迎风航向上，帆要介于近迎风和横风之间的位置，根据航行的具体角度，调整风帆受力饱满使气流能够顺畅通过即可。

在近迎风航行时，船除了容易进入无法航行区外，也会轻易偏离这个角度。如果你不经意地顺风偏转向下风时，帆依旧饱满，但是此时的船速和侧倾角度都已渐渐发生细微变化。这不太容易被新手察觉，但是并非无药可医，解决这个问题的关键在于

图 4-21 奋力压舷

迎风航行

你要时刻提醒自己的目的是什么。

你选择近迎风航行的目的是为了更快到达上风的区域，所以要想尽一些办法向上风接近。那么当你在掌舵时，专注于观察风向使船首慢慢向上风偏转，直到帆前缘开始飘帆，然后再向下风偏转一点使帆饱满，这样你就知道是否处于近迎风航向上了。

但是，这也会使船速受到影响，所以要综合利用一切可以利用的资源来驾船，例如真风向、罗经航向、风向标等，使船时刻处于最佳的状态，保证其一直在对应的航行角度上快速行驶。

近迎风航行常见的错误还有就是缭绳收得不够紧。帆的位置决定了船只航行的角度的范围。

当你的帆被放出去后，自然而然船和风的夹角也要增加，很难到达角度最小的近迎风角度，因为这是人为因素造成的而非器材本身的限制，所以你要把缭绳收到最紧。当然，在风力过大的情况，在帆受力过大时你会失去对船只的控制，此时为了赢回控制权，你可以适当松一点缭绳，让帆上的受力减小，从而来减少侧倾，反而会增加实际的动力。

图 4-23 470级别的迎风航行

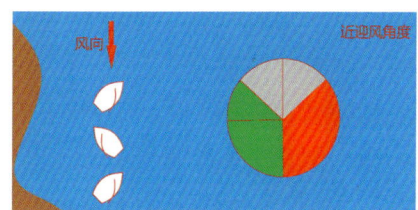

图 4-24 迎风行驶的角度

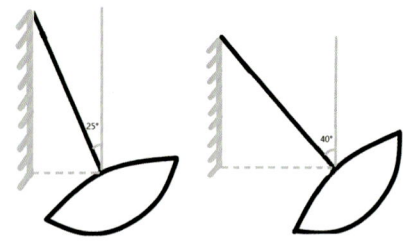

图 4-25 倾斜角度大，帆的有效受风面积小

第七节 顺风航行

　　顺风航行运用的是推力模式，调帆相对于横风和迎风两个航行角度要简单一些，但是帆船在这个角度上想停下来反而不是那么容易了，因为对于有侧支索的船想让帆不受力也变得有些难度，对于没有侧支索的船只，只要让缭绳完全放出即可（前提是你的缭绳足够长以便帆不再受力）。

　　在你顺风航行时，想让船完全停下来变得不太可能。这样，在靠码头、浮筒、教练艇或者救助落水人不能使用顺风航行角度。顺风包含两个航行角度：侧顺风和尾风。侧顺风是比较舒服的航向角度，此时船只会很平稳，视风也会变小，船只上浪情况也减弱，而且在风速足够的时候还可以滑浪（借助波浪运动使船加速）。

　　这个角度上的掌舵跟横风时很相似，但是想滑浪的话还是要多加练习。

　　顺风调帆需要把帆放出去让帆杆与风向垂直，尾风的时候对于有侧支索的船可以放至侧支索，使帆轻贴侧支索即可，过度放帆会使侧支索与帆有摩擦，长时间可造成帆损。对于两面帆或者有更多的帆的船上，尾风时前帆会被主帆挡住，所以为了让两面帆都受力，可以把前帆放到主帆的对侧（上风侧），形成蝴蝶帆（像蝴蝶翅膀一样对称的分布在身体的两侧）。

图 4-26 顺风航行

如果是侧顺风航行，两面帆还是位于船的同一侧，当你想区分尾风和侧顺风的时候，轻轻拉舵使前帆刚好被主帆遮挡时就是这两个航向角度的临界点。不管是尾风还是侧顺风，你的帆都不会再被拉得紧紧的，所以在有浪或者阵风的时候你都要小心帆杆的摆动，防止被它意外击中，这是很危险的。侧顺风或尾风航向上，你在船上可以坐得更加靠近船艏艉线，尤其是在尾风时。但是船只不一定不会倾覆，反而倾覆的可能性会更高。

此时的稳向板的位置要被提得很高，甚至会被完全提起以便减少阻力。如果你对于自己驾船的水平不太自信，可以不进行稳向板的调整，等技术熟练后再增加这些动作。顺风时由于缭绳被放出了很多，缭绳不能再给帆杆提供向下的拉力，此时在风的作用下，帆的后缘的两个端点会往中间收缩，为了保证帆的受力面积，控制后缘松紧程度的任务就交给了斜拉器。斜拉器可以在任何时候控制帆杆和桅杆的夹角。

顺风意外过帆

在顺风航行时一定要更多地关注船和帆的状态，保持好与风合理的角度，再就是时刻做好心理准备来应对突发状况。永远记住，掌控这一切的是你自己。根据自己的能力来享受帆船运动的快乐才是重中之重，切莫盲目自信。

在发生意外过帆时，你能做的就是将自己的身体压低，低于帆杆扫过的平面并且控制住舵，不要因为惊慌失措再次意外过帆。然后，身体要压向主帆过帆前所在的那一舷，避免船只倾覆。当然，你可以选择戴上安全头盔以保护自己的头部，不过安全头盔的厚度也要在你压低身体的时候考虑进去，因为我们戴安全头盔的目的是保护头部而不是去迎接撞击。

造成顺风换舷可能是自身重视程度不够，粗心导致，也可能来自突然的风摆或尾浪导致船的方向被改变。避免意外过帆最好的方法就是"逃避"，回避尾风航行，采取大角度侧顺风航行，这样还有利于滑浪加速。

在强风时，这绝对是明智之举。但当你不得不进行尾风航行时，必须密切关注风向和浪的情况，这样有助于减少意外过帆的出现。

第四章 驾驶帆船

顺风航行

图 4-27 顺风蝴蝶帆航行

图 4-28 顺风航行

第八节 换舷

在前面，我们已经介绍转向的基本知识，接下来详细介绍一下迎风换舷和顺风换舷。

学习了不同的航行角度的驾船技巧后，当你航行于水上，总不能一直朝着水域的一侧航行，特别是为了到达上风某一区域时，需要你进行"之"字形航线的行驶，这就需要熟练掌握换舷这项技术。这样你就可以通过改变船只的受风舷到达另一侧的方向上，即使在比较狭窄的水域也可以通过不断换舷顺利地到达上风位置。

换舷有两种方法，一种是采用迎风偏转，船头通过无法航行区，从一舷受风到达另一舷受风这叫作迎风换舷；另一种是采用顺风偏转，船尾穿过来风方向，主帆从一舷换到另一舷这叫作顺风换舷。

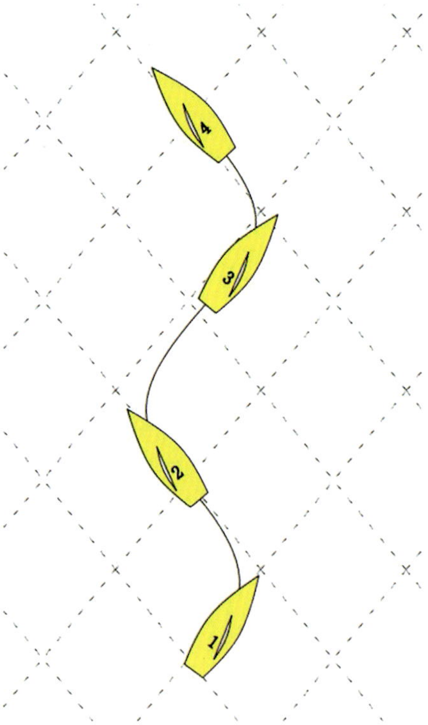

图 4-29 迎风换舷的目的

缭绳（调帆）和移动身体（压舷），好几件事集中在一起的结果可能会导致你被困无法航行区、不能换舷、意外过帆或者倾覆等，所以为了保证你能够顺利完成这项操作，需要你付出一定的时间去练习，尽快掌握其中的"玄机"。帆船是简单的，是快乐的，用心学习和操练，每一个人都可以驾驭帆船。

我们可以通过换舷（包含了迎风换舷和顺风换舷）从右（左）舷受风换到左（右）舷受风，而且是从当时坐在这一舷的任何航向上转到另外一舷的任何航向。但是一般船员会根据实际目的地来选择是迎风换舷还是顺风换舷，一般是优先选择转向角度更小的转向方式。假如你想从右舷近迎风换到左舷横风，迎风换舷需要你转

不管是哪一种操作，目的都是为了改变船只的受风舷，使船到达最终的目的地。但是换舷时经常会让人迷失方向，尤其是新手，在换舷时需要转向（掌舵）、控制

向130°，而顺风换舷需要你转向230°，所以选择迎风换舷显得更高效一些。为了更好地掌握这项技术，尽可能采用适当的舵角去练习，可以选择从一舷近迎风迎风换舷到另一舷近迎风，从一舷尾风顺风换舷到另一舷尾风，这样你可以在很小的转向角度下平稳地练习换舷的技术。迎风偏转船速减小，顺风偏转船速增加，当你从横风开始练习时，还是先从迎风换舷练起吧！舵手常位于上风舷掌舵，对于有前帆的船上还会有前帆手帮助调整前帆，但是前帆手的位置是根据船的侧倾选择合适的位置，但是舵手尽可能始终位于上风侧，个别双人艇在顺风航行风力不大时舵手可能会坐于下风。

迎风换舷的步骤

1. **准备动作**：从一舷近迎风开始，根据自己的目的选择合适的时机。当你准备换舷时，首先选择一个合适的参考物，根据你当前所在航线与风的夹角大小，向新的方向转舵两倍夹角大小到达新的一舷。例如，当船航行角度和风的夹角是45°时，你需要转向90°，这相对于其他角度要容易得多。你面向船中而坐的时候，你的正后方就是90°的方向，在这个方向上找一个参照物。参照物最好选择明显易见的独立物标，这样你就知道换舷后应该对准什么方向了。在没有物标的情况下，可根据罗经来确定新的航向，或者根据风向角、船与浪的夹角、帆的受力情况判断是否到达新的航向。

2. **准备开始**：如果有其他船员，一定要通知他们，让他们做好准备，并且喊类似于"准备迎风换舷"（你也可以设计自己的口号，只要你和你的船员能够明白就好）的指令来通知他们。当他们都准备好后并回复"准备好了"，你可以喊"换舷"，开始推舵进行迎风换舷。

3. **开始转向**：向下风方向推舵柄，动作由缓到快，使舵角达到你所需要的最大位置（很多时候不一定是满舵，尤其是对于没有限位的舵，当你把舵推成和艏艉线成90°时，虽然也能转向，但更多的是阻力，船速会下降很多，转向的速率也会变慢，所以最大不要超过40°，除非你另有目的）开始转向，当船首顶风时，帆开始抖动并来到艏艉线上时，你就可以移动身体到另一舷了，先迈后脚到对侧前脚的位置，此时你要小心帆杆，移动时弯腰低头。当你移动到新的上风舷后，以适当的速度回正舵柄到正舵，使船稳定在新航向上，同时收紧主缭。

迎风换舷时，需要避免几个常见错误：

❶ 迎风换舷时舵角推动小导致转向速度太慢或角度不够，被困在无法航行区。

❷ 主缭松出太多没有及时收回。

❸ 转向角度过大超过近迎风航向，到达新受风舷的远迎风。

❹ 有前帆的船上，没有及时松开原本固定的前缭，或者没有及时收紧新的前缭；

❺ 人移动过程中失去了对舵的控制，或者反向掌舵。

❻ 舵手所处位置不对，导致操作和本身移动相互冲突，或者人员在换舷时没来得及移动导致船只倾覆人员落水。

❼ 转到新航向后回舵过大，再次回到无法航行区。

顺风换舷是另一种换舷的方法，它是通过让船转向下风实现的。顺风换舷时，帆杆/主帆会迅速从一舷扫到另一舷，因此要格外小心。

顺风换舷的步骤

❶ 最初练习时，为了便于控制和减少转向角度，可以从一舷尾风（假设和真风夹角170°）开始，选择新航向远处的参照物，用作换舷之后对准另一舷的尾风航向（这个过程偏离原航向约20°）。

❷ 转向之前，如果有其他出船员，让船员准备好，喊"准备顺风换舷"这样的指令来通知船员。当每个人都准备好后回复"准备好了"，你可以喊"换舷"，开始换舷操作；

❸ 先快速收紧主缭绳，然后待主帆被收回后，拉舵柄开始转向下风，转向时舵角要合适。

❹ 你也可以在帆即将背面受力时，快速拉一下缭绳辅助帆杆进行过帆。

❺ 过帆时一定要低头，身体向新的上风舷移动，船首通过正顺风时，主帆快速扫过船的艏艉线，你要选择好移动身体的时机，争取过帆时你正好已经到达新的上风舷。

❻ 在新的尾风航向上掌舵，松主缭，调帆到最佳状态。

顺风换舷时需要避免的常见错误：

❶ 船员没有完全准备好，容易造成船员受伤，或者为了应对突发状况不能完成对应的任务。

❷ 船头未通过正顺风时，横杆就已经扫过船中，或者船头已经通过了正顺风但是帆还没有过去，这两种状况都不稳定，容易再次出现意外过帆的情形。

❸ 身体姿势和移动方式不正确，将自己置于危险的情形之中，特别是容易被帆杆击中头部。

❹ 靠主帆自身背面受力过帆，时机一般会晚于在换舷时收紧缭绳过帆的情况。这样会导致过帆速度极快而且力量大，从而造成船只倾覆。

第四章 驾驶帆船

换舷

1. 观察周围环境，选择合适参考物

2. 慢慢推舵，随着船头转向顶风，迈出后脚

3. 低头，脸朝前转身，拿舵的手去拉新的上风舷，将身体移动过去

4. 人坐到新的上风舷，到达新的近迎风航向时推舵回到正舵，拿缭绳的手在身后去接舵柄

图 4-30 单人迎风换舷的步骤

1. 观察周围环境，选择参考物（如果需要放下稳向板，此时完成）

2. 缓慢拉舵（反向推舵），观察帆的受风情况。

3. 人员降低重心，迈后脚准备移动身体

4. 待帆自动换舷或者当帆后缘反向受力时，拉缭绳将帆换舷，人员迅速到上风舷压舷，并回正舵

5. 拿缭绳的手到身后将缭绳和舵柄一并拿在手中，然后之前拿舵的手从身体前面去拿缭绳。

6. 回到正常坐姿，将舵柄移至胸前（如果之前稳向板由于顺风换舷而被放下，此时可以重新提起）

图 4-31 单人顺风换舷的步骤

第九节 停船

在有风的天气，初学者学习了基本理论和操作要领之后，让帆船动起来比较轻松，但是想让船停下来却很棘手。可是对于每个船员来讲停船都是关乎安全必备的操作。所以，每一个人必须掌握停船技能。停船的方法有很多，我们主要介绍以下三种。

1. 飘帆：

在横风以上的航行角度行驶时，在把定航向的同时，可以将缭绳完全放松，随着缭绳的放松，帆渐渐进入飘帆的状态，从帆前缘一直到后缘，帆顺着风向抖动不再正常受力，船速会慢慢减弱最终停下来。这样，由于帆在风中飘动也会产生阻力，船只会向下风侧漂移。记住不要让你的船顺风偏转，否则帆会重新受力而加速。

2. 进入无法航行区：

另一种停船的方式就是将船头驶入无法航行区。最好使船头正顶风或者船艏艉线与风向夹角小一点。这种方式不需要用缭绳调整帆的受力，而是改变船和风的夹角使帆不能正常受力而飘动。船速慢慢弱下来，最终停住。这种方法船只向下风侧和船尾方向漂移，此时通过摇舵的方式让你的船维持在此状态下。

3. 快速停船法（帆的反向受力）：

前面两种停船方法的船速都是慢慢降低的，在一些特殊情况下需要立刻将船停下来。这种快速停船法是让帆反向受力，产生和运动方向相反的力量使船停住。不论你在哪个航行角度航行，当你想停下来的时候一定要转向顶风，然后船员把缭绳完全放松，紧接着把帆杆和主帆推向船首方向使帆反向受力。这样，船只会立刻减速然后停下来，随后待船停下来可以将帆杆和主帆放松使其在风中飘帆。

图 4-33 飘帆

图 4-34 驶入无法航行区停船

图 4-35 快速停船

第十节 倒船

学会停船之后,你可以顺便将倒船学会。这项技术并不是很难,但是需要你记住前面的各项操作并熟练掌握才行,在一些特殊情况下不允许你转向而你又顶着风时,你可以选择将船倒出来,从而摆脱困境。

如果你还记得快速停船法,请把它拿出来再应用一下。当你一直推着横杆的时候,船从向前运动开始减速停下来。不松开手的话,船就会开始慢慢地向后倒退了。这个时候你要用舵再次控制方向,当船向前航行的时候船员转舵,将舵叶转向某一舷,船头就向那一舷转向。而当倒退航行时,将舵叶转向某一舷后,你需要关注的不再是船头,而是船尾。关注你的船尾移动方向,维持住船倒退和帆反向受力的状态,直至你不需要时飘帆。

说起来容易做起来难,但是只要你勤加练习,这些技能掌握起来还是很简单的。不要被一点小困难轻易打败。记住,帆船运动是简单的、快乐的,当你掌握了这些技能后一定会爱上这项运动。

1. 船头驶入顶风或船只被困无法航行区域时,推帆杆使帆反向受力,同时推舵

2. 船只向后产生速度的同时,船尾会向上风方向转向

3. 当帆不再反向受力或者航行角度已经满足了下一步的航行要求,再或者向后的速度已经满足需求,松开推帆的手

4. 当准备向前航行时,可以拉舵拉帆使船向前加速

图 4-36 倒船以摆脱顶风

第十一节 回岸

当结束了水上的欢乐时光之后，就要回岸了。还记得我们离岸时的情形吗？准备返航，根据船离开岸边的位置和风向开始计划如何返回岸上。尽可能在离岸风（吹开风）时进行上岸，这样你会有更多的空间去控制速度，而不是全速撞到岸上。

1. 返回沙滩或者坡道。

对于稳向板和舵能够自动旋转收回的船只返回沙滩时，尤其是沙滩双体船，采用带速冲滩的方式回岸是一个选择，但这绝不是最佳的方式，其缺点是会使船体与沙滩间发生摩擦，或者使稳向板或者舵发生剐蹭。所以还是要控制船速驶近到岸边合适的位置，然后提起或收起稳向板和舵，侧身下水控制住船，在下水时尽可能保证水深合适，海底底质相对安全，然后将船慢慢拉至岸边，放回艇车拖上岸。

返回坡道也要很好控制速度和距离，坡道的好处在于它的坡度是固定的，你能根据距离知道对应的深度，而沙滩附近的水深可能就不具备这么稳定的变化了。随后的步骤和返回沙滩一样，收起舵和稳向板，然后下水拖船。

（1）离岸风回岸。

离岸风在岸边很少有浪的影响，并且在回岸时是迎风接近岸边，很容易控制住速度，即使帆重新受力或者船只起速，甚至当你转向下风在侧顺风航向不能减速时都不用过分紧张，因为那时候

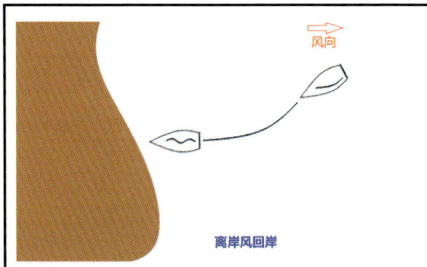
离岸风回岸

1. 离岸风时，近迎风接近陆地，尽可能航线规避掉途中的航行障碍物

2. 接近岸边时，保持足够的安全距离，顶风减速停船，松掉缭绳，提起或者拔出稳向板，升起或者取下舵

3. 人员在合适的水深从船上下水，慢慢将船拉至岸边，待朋友或者教练送来艇车

4. 将艇放至艇车上，拖船上岸

图 4-37 离岸风回岸

你的身后是大片的可航行水域而不是岸。所以在收起稳向板后尽可能不要再让帆受力，否则会让船远离岸边或者横移，控制好余速，在合适的地方下水进行控制。

(2) 向岸风回岸。

向岸风回岸就不像离岸风回岸那么简单了。在接近岸边的时候你会是侧顺风或者尾风航行，你想减速的时候需要调转船头，当转向过早时会使你离岸较远，转向太晚有可能会让稳向板和舵触底，所以这也是我为什么坚持一定要让初学者学会倒船的原因。

当你转向风向时，随着速度下降，你距离岸还有一定距离，但是完全可以通过倒船慢慢向岸边接近，在合适的位置收起稳向板和舵，下水将船拖至岸边。如果你还不会倒船，也没关系，可以选择顺风转横风接近目的地，在横风段的后半程飘帆减速，最终停下来，然后下水拖船。

但是有时候在海边吹向岸风时会产生拍岸浪，这对于回岸的人来说威胁特别大，你和船很有可能被一个浪直接拍到岸上，造成人员受伤和船只损毁。

就算是浪不大也会影响靠近岸边的速度，你下水控制船的时候带来麻烦。建议在船上带一只小海锚，在有浪的情况下把海锚索绑在船头的缆环上或者将海锚连在拖船绳上，这样会使你的船头持续顶风顶浪，保证一个好的姿态接近岸边。

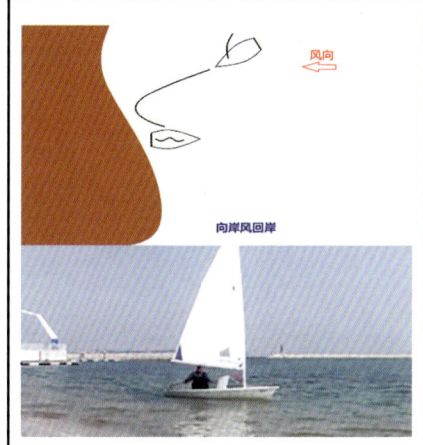

1. 侧顺风接近陆地

2. 船头转向顶风

3. 提起舵和稳向板，人员下水，将船移至艇车上

4. 拖船上岸

图 4-38 向岸风回岸

2. 返回浮码头和浮筒。

相比于返回沙滩和坡道来说，返回浮码头和浮筒时你不用收起稳向板和舵，这样船只既容易控制又不会晃得厉害，因为在码头和浮筒附近的水深不需要你提前收回稳向板和舵，而且很多时候码头和浮筒是能够从多个方向靠近的，不需要考虑到底是离岸风还是向岸风；当然，如果你所接近的码头类似于沙滩或者坡道，只能从一个方向接近，那么还是要结合离岸风还是向岸风制定回岸策略。如果不是这种特殊情况，根据风流的情况，选择从哪一个方向接近码头和浮筒。风对船速控制的影响最大，所以大体原则还是要选择迎风接近码头或者浮筒。其次是水流对船的影响，所以顶流对你来说更容易控制速度，而顺流可以允许你提前松掉缭绳使帆泄力后靠水流将船推向码头。当你驾船有了一定体会之后就会知道：在船速低或者没有船速的时候舵的效果是特别差的，那是因为舵和水之间没有相对运动，所以在船对地（相对于岸）静止时，如果水是流动的也会有一定的舵效。对于横流的情况，一般选择从上流方向（上流方向是指流的上游方向，流向是指流的去向，例如东流是指水"朝"正东的风方向流动。这和风向是不一样的，风向是指指风的来向，例如东风是指"从"正东方向吹来）。

附：练习题

1. 升帆时，应使船头 _____ 。（填空题）

2. 帆船迎风偏转时，控制船帆的缭绳应该 _____ 。（填空题）

3. 帆船顺风偏转时，控制船帆的缭绳应该 _____ 。（填空题）

4. 当船只进入无法航行区域时，船帆会 _____ 。（填空题）

5. 调帆的"黄金法则"是 _____ 。（填空题）

6. 顺风航行时，配备前帆和主帆的帆船，将两面帆分别置于两舷的帆位称为 _____（填空题）

7. 近迎风航行时，最容易驶入 _____ 。（填空题）

8. _____ 航向最适合初学者练习驾驶帆船。（填空题）

9. 向岸风离开沙滩的航向是 _____ 。（填空题）

10. 离岸风返回沙滩的航向是 _____ 。（填空题）

11. 停船的三种方法：_____ 、_____ 、_____ 。（填空题）

12. 从码头上船或者下船时，注意自身 _____ 的移动，避免意外落水。（填空题）

第四章 驾驶帆船

练习题

第五章 掌控全局

第五章 掌控全局

第一节 倾覆

对于大多数初学者来说，驾驶小帆船最担心的事莫过于倾覆了。倾覆之后人可能会随之落水。有些人对于水是有一定的恐惧心理的，在操船时经常会保守一些，但是这不能让你完全体会到帆船给你带来的快乐。

很多时候畏首畏尾反而会让你出现险情，尤其在有浪的情况下。所以，在下水前要调整好心态，最好先找个游泳池或者相对较为平静的水里进行熟悉水性的练习，这样可以让你尽快摆脱恐惧心理。

图 5-1 倾覆（翻覆）

接下来我们剖析一下倾覆的原因，在操船时尽量避免倾覆的发生，就算不

图 5-2 落水

能完全避免也要让自己有足够的心理准备应对这种情况。一般情况下，倾覆发生在风力突然增大或者变小，又或者是风向突然变化的时候，不过也有一些例外情况，有时候你是故意想把船弄翻，来进行扶正练习。有句古话说得好，小心驶得万年船，所以任何时候都不能大意，做到心中有数。因为小帆船的重量较轻，人的移动会对船只的平衡有很大的影响，所以在风力较强时，需要移动身体进行压舷来平衡船只的

图 5-3 双体船倾覆

倾斜力矩。

船只倾覆有很多种情况，有向下风倾覆的，这也是最为常见的一种情况，当帆上的受力越来越大，或者遭遇突然的阵风会让你的倾斜突然加大，在你来不及调整风帆泄力，人员又不能及时往舷外压，那么你可能随之倾覆，不论是单体船还是双体船都是常见的；还有**向上风的倾覆**的情况，在你积极压舷时突然风向朝向迎风摆动或者阵风到来前风速突然减小，都会让你来不及反应向上风倾覆，这种情况一般

只发生在单体船，双体船由于两个船体的原因拥有足够的力矩来避免此类事情的发生。

也有向船头方向栽过去的情况，当你的船在高速前进时，尤其是在顺风滑行的过程中，船头突然扎入浪中，突然的阻力会让你的船头停下来，而船尾还没停下来，只能让你人仰马翻了；还有就是**向后倾覆**的情况，特别是双体船会出现这种情况。在迎风航行时，人员位置比较靠后，两个船体间的"蹦床"会向帆一样受力向后将你掀翻。船只倾斜主要分两种：**横倾和纵倾**，横向是指船只左右方向，纵向是指船只前后方向，在这两个方向上的摇晃亦叫作**横摇和纵摇**。

了解了这么多的情况之后给你几点忠告：

❶ 避免在大风天航行，即使你是专业选手，在风力超过一定的级别以后，快乐可能会变成悲伤，享受可能成为求生。即使你对自己的能力有信心，也要做好充足的心理准备，安全永远是第一位的。

❷ 当你下了水以后，一定想着船要时刻都在你的掌控之中，一旦失控就会出现相应的状况，强风中不要让帆完全受力，尽量少做顺风换舷，不要固定住缭绳。

❸ 舵的负面影响不只是产生阻力使船速下降，还会产生倾斜力矩加大你的倾斜角度，所以在掌舵时要格外小心，尽可能在不要在大风中用大舵角，特殊情况除外。

❹ 尽可能不要在下风舷压舷，尤其是单人小艇，你不需要在微风天向龙骨船进行反压舷。

❺ 强风中当你认为顺风换舷不再安全，已经不能被你掌控，你可以选择迎风偏转 - 迎风换舷 - 顺风偏转的方式来完成顺风换舷的需要。

❻ 尾风航行时，单体船在浪的影响下会出现横摇的情况，横摇一旦达到一定程度就会出现倾覆的状况时，尽可能迎风偏转到侧顺风方向上。

这些只是让你了解一些情形，虽然种类很多，但这并非全部，有时候器材损坏也会让你出现类似的情况。那么当我们避免不了，何不去接受它呢？在正式开始下水航行前，先在安全的水域尝试把船弄倾覆，然后再练习扶正它，这样会在心理上更容易被接受。你的教练也可以给你更多指导和帮助，让你更快地掌握这项技能。

第二节 扶正

扶正就是通过人力或者同时借助风力让帆船从倾覆状态回到正浮状态，倾覆之后主要有两种情况，一种情况是完全倒扣在水中，即桅杆插在水中，另外一种情况就是船只横卧在水中，桅杆横在水面。不管是哪种情况，意味着很有可能你已经落水，那么落水之后尽量不要和船只分开，就算你没有能力扶正船只，也尽可能和船待在一起，最好能爬上倾覆的船只。在一些船只向上风倾覆的情况下，帆杆可能会以很快的速度砸向水中。这时候你需要保证自己不要被击中，也不要被帆盖在水中。但是如果你已经被压在水里，可以抓住桅杆、支索或者帆等，朝着你要出来的方向，面部朝上拉着它们移动可能要比直接游泳要强。穿着救生衣的情况下根本不允许你潜泳，你会贴在水面上，当有东西压在身体上的时候，如果你转身会导致衣服被挂住，难以摆脱，所以面朝上拉着相应的物体出来是最安全的。

其次，在倾覆的过程中尽可能不要让桅杆倒插在水中，这样会增加扶正的难度。所以在倾覆的过程中，你不应该等待这个过程的结束，而是在第一时间就开始采取行动，尽可能不要落水湿身，争取在倾覆的过程中爬到水上的那一舷，在放松缭绳的同时，可以蹬在驾驶舱的内侧或者稳向板舱上，这让你能够有借力点发力上到船

❶ 脚踩船沿，上到艇底。

❷ 拉住稳向板向后仰，慢慢将船压起。

❸ 一人难以扶正，可以两人进行。

❹ 为了防止倒扣，可以在桅顶绑一个扶正球。

图 5-4 扶正

舷上之后，翻过船舷踩到稳向板上，这样你就可以直接进行扶正了。如果人员已经落水，你需要做的是在扶正前，先将所有缭绳松掉，不要让帆在扶正过程中受力。然后，把稳向板从船底完全拉出，这样一来你进行扶正就方便多了。

这里我们介绍两种方式：一种是传统扶正，另一种为铲式扶正。

传统扶正主要是船员脚踩到船舷上，手拉稳向板，待船从完全倒扣的状态逐步转变为横卧状态，此时船员再爬到稳向板上面手拉另一侧的船舷使船只回到正浮状态。当然，被扶正的帆船还可能再次发生倾覆，尤其是在强风中，所以在扶正的时候要控制好船只的摇摆程度。当然在你扶正比较困难时，可以借助风的力量，将桅杆指向顶风方向，这有助于你借助风力扶正帆船，唯一缺点就是容易再次倾覆。为了避免船只再次倾覆，可以将船头顶风，然后扶正帆船，这样帆背面容易受力脱离水面，船只也不易再次倾覆。如果将桅杆朝向顺风方向，当你扶正时受到风的阻力会大一些，并且船只很容易在扶正的过程中受到浪的拍击使扶正变得更加困难，但是这种情况也不会轻易让帆再发生倾覆。如果各方面都允许的情况下，船员最好能够直接从驾驶舱内直接站到稳向板上，不至于使船会轻易发生倒扣的情况，这时就可以省略第一步了。

有时候稳向板会在倾覆时没完全插入，在扶正的时候先将稳向板完全拔出，再上到稳向板上可以增加扶正力矩，从而轻松扶正翻覆的船只。

❶ 当船横卧在水中时，可以直接压住稳向板，慢慢将其扶正

❷ 可以上到稳向板上时，也可以跪在上面压稳向板

❸ 可以用手拉住船舷时，用双手去拉船舷将船扶正

图 5-5 传统扶正

第五章 掌控全局

扶正

❶ 当船向下风倾覆时　　　　　　❷ 人员立即跨过船舷，踩到稳向板上

❸ 慢慢将船压起扶正　　　　　　❹ 待帆船即将被扶正时，立即跨过船舷回到驾驶舱内

图 5-6 人员免于落水

❶ 当稳向板在航行过程中没有被压住或者被人为提起，扶正时要先抽出稳向板　　❷ 人员踩在船沿或者跪在船沿上，双手把住稳向板慢慢抽出

❸ 待抽出后，人员站起身来向后仰扶正帆船　　❹ 船只逐步被扶正的过程中，人上到稳向板上进行扶正

图 5-7 先拔出稳向板，再上到稳向板上去

铲式扶正主要是适用于双人或者多人操控的船只，当一人或者多人进行扶正时，安排一名船员到达桅杆那一侧水中的舷的位置等待，随着船只被扶正，这名船员像是被船舷铲到驾驶舱内一样。这时候当船只被扶正，他可以第一时间对船只进行控制，避免船只再次失控以及倾覆，还可以协助水中人员登船，或者两个人在船只被扶正的过程中同时回到驾驶舱内。这是一种优势明显的扶正方式，但是单人艇就不需要了。

❶ 很多双人艇在扶正时，并不需要两个人一起扶正，只需一人进行扶正

❷ 一人绕过船体到船底进行扶正

❸ 另一人可以在浸入水中的船舷边等待

❹ 到船底的人员按照之前的扶正步骤进行扶正

❺ 待船只即将被扶正时，守在浸入水中船舷边上的人员趁势进入船上

❻ 然后船上的人可以协助水中的人员登船

图 5-8 铲式扶正

双体船和多体船的扶正要相对困难一些，毕竟甲板的宽度太大，在扶正的过程中倾斜力矩太长，需要借助扶正绳和风的力量来完成。先将缭绳放松，如果在倾覆时球帆是升起的，先将球帆收回。然后，船员拉拽扶正绳登到下风侧的船体上，身体后仰，随着船只逐步被扶正，通过继续拉拽扶正绳，慢慢使身体起来，避免在完全扶正前落水，当完全扶正后，船员可以直接从两个船体间回到平台上，也可以从水中爬上平台。当借助风力扶正时，一定要小心不要被风浪再次打翻。

❶ 双体船比较宽，扶正起来比较困难，尤其是完全倒扣过来。此时需要借助扶正绳，让船员站到浸入水中的船体上

❷ 拉拽扶正绳向后仰，慢慢将船扶正，在此过程中可以借助风力，但如果风力太大，一定要小心扶正后再次倾覆，扶正前先要松掉缭绳

图 5-9 双体船扶正

第三节 人员落水

在多人驾驶的船上，或者船上有随船游玩的人，很可能在航行过程中发生人员落水的情况。当有人落水时一定在第一时间采取合理的方式进行救助，防止人员长时间在水中而遭遇不测。人员落水后，船上的人员在操船的同时要时刻关注水中人员的动态，时刻盯着他，然后操船驶离到足够的距离再驶回落水者的位置。接近落水者的时候要从落水者的下风流方向接近他，控制速度在合适距离飘帆停在落水者的旁边，帮助他回到船上。船只在满舵时航行的轨迹会形成一个圈，叫作**旋回圈**，它会导致你很难在距离落水者较近的距离上通过满舵的方式回到落水者的旁边。这也是为什么你需要先驶离再驶近。

营救落水人员常采取的方式是"8"字旋回救人法。这种方法的优势在于你不需要进行顺风换舷，降低船只操控的难度，减小船只倾覆的风险，即使是一个人驾船也不会显得特别困难。当然，除此之外还有一些其他旋回方法，主要考虑操作的安全性和便捷性，这里就不再一一介绍了。

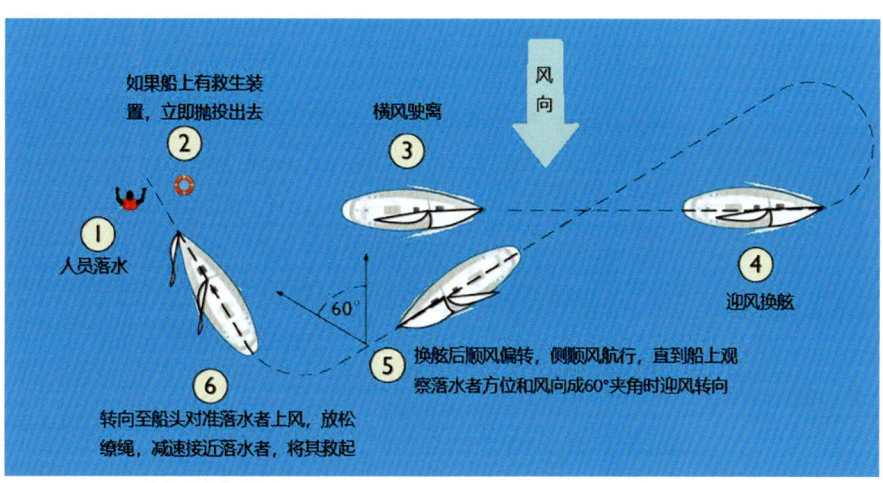

图 5-10 人员落水后"8"字救援法

第四节 大风天的操控

在你没有足够的能力以及还没熟练掌握各项技能时,应该避免在大风天航行。如果你选择航行,请务必告知相关人员你的计划,并且最好在有救生艇陪伴的情况下进行。在大风中,侧顺风是最快乐的航行角度,速度快、船只侧倾角度小,不会像迎风航行时上浪那么严重并且还能够滑浪航行。此时,你应尽可能避免尾风航行。尾风航行特别容易发生翻滚导致倾覆。在大风天,顺风换舷是一个风险极高的动作,小风天顺风换舷很容易,但是在大风下可能成为一个的挑战,成功与否在一定程度上也证明你是否有足够的能力在大风天驾驭你的船只。

即使专业玩家也存在倾覆的风险,这也是小帆船的特点之一,发生倾覆的可能性中属大风天顺风换舷最大。因此,如果你对自己能否顺利过帆持怀疑态度,完全可以用迎风换舷来代替顺风换舷,这样你可以避免倾覆。如果不是航行水域限制,不得不做顺风换舷的话,请随着你的经验和自信不断积累,再选择在

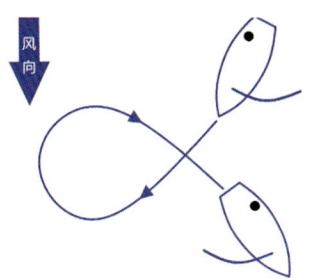

图 5-11 用迎风换舷代替顺风换舷

大风中顺风换舷。在大风中顺风换舷永远都是小帆船航行中最精彩刺激的时刻之一,所以你不用一直逃避它,提升自己的实力去驾驭它。

顺风时依然需要合理压舷来控制侧倾,当遇到波浪时,船只不单单是出现侧倾,还会出现大角度的横摇,你会感受到船只大幅度向上风侧倾,然后回到正浮或者向下风侧倾。如果出现这种情况你要避免严重的横摇,否则一旦失控就会倾覆,你可以选择向上风偏转一些角度,适当收紧主缭,使船达到一种稳定的平衡状态。

如果难得进行一次航行,在遇到大风天时,保证安全的前提下,可以采用缩帆的方式航行,这可以增加对于船只的掌控。

缩帆的方式主要是两种方式

一是采用在原帆上缩小面积的方式(有缩帆孔的帆采用缩帆绳缩帆,没有缩帆绳的帆可以沿着帆前缘或者帆底边卷在桅杆或者帆杆上)。

二是采用更换更小面积船帆的方式。

图 5-12 同样的船只,不同的帆面积

第五节 拖带

在海上，经常会遇到无风天气、器材损坏或者恶劣天气需要返回岸上。这个时候为了更快回到岸上，常需要被动力艇或者其他船只进行拖带。一般小帆船在船头都会备一份绳索用于拖带，有些是船员随身带足够长度和强度的绳索用于拖带，或者在船舱、收纳袋中准备一根专用拖缆。

如果你没有拖带绳也不必惊慌，帆船上永远不缺绳索，可以用你的缭绳或者富余的升帆索来作为拖缆，不过这种方式可能会导致你的缭绳或者升帆索被磨损或者断掉，所以建议准备一根专用拖缆。连接好拖缆后，需要注意拖缆不要被动力艇的螺旋桨搅缠到，并且一定要固定在坚固的地方，可以是拖缆环、羊角或者桅杆底部等。然后提起稳向板，人员位置靠后保持船只平衡，掌舵跟随拖船的轨迹航行，这是一个技巧。很多人会直接奔着目的地掌舵，当拖船动力不足、舵效较差时，会影响到拖船的转向。如果是多条船进行连接，同时被拖带，注意后面船只的拖缆尽可能不要影响到你掌舵，在拖船减速后，后面的船速度较快时要注意避免碰撞。如果风浪比较大时，需要使拖缆的长度和波长一致或者等倍增长。

图 5-13 拖带

第六节 触礁和搁浅

大多数情况下，触礁和搁浅对于小帆船来说，并非特别麻烦的事。但是，触礁和搁浅很容易造成器材的损坏，这是必须加倍小心的，别以为小帆船的吃水浅就不用注意此类事情的发生。当高速行驶的船发生触礁和搁浅时，你的稳向板和舵很可能损毁，甚至影响你的船体，使船体发生破损，造成船只漏沉。

在潮汐水域，船员都不想让他们的船或水下的舵、稳向板撞到水底，因此你要了解所在航行区域的深度情况，你可以询问教练或当地的船员，也可以参考海图。如果你在驾驶小帆船时不小心撞到水底，一般情况下是可以继续航行。

你可以增加一点侧倾，或者升起一点稳向板（和舵），然后直接驶向深水。如果水太浅或者风向和条件不允许轻松地驶离，你可能需要湿一下脚，推一下船。首先，转向上风并且飘帆让船停下，然后评估一下最好的回到深水的办法。你可能要降下帆，在极端情况下，需要在保证自身安全的前提下等待救援。在有潮汐的水域，你要知道当地涨潮＼落潮的具体时间。

图 5-14 礁石

附：练习题

1. 为了防止帆船倾覆后倒扣在水中，可以在桅杆顶部拴上一个 ＿＿＿＿ 。（填空题）

2. 当帆船向上风倾覆时，人员要小心不要被 ＿＿＿＿ 打到头。（填空题）

3. 当帆船向上风倾覆后，人员从水里浮起时，应用 ＿＿＿＿ 挡在头上。（填空题）

4. 人员被倾覆的帆船扣在船内或者帆下面时，也不必惊慌。＿＿＿＿（判断题）

5. 多体小帆船倾覆后，难以扶正时可以借助＿＿＿＿。（填空题）

6. 拖带时，如果没有固定拖缆的构件，可以把拖缆系在 ＿＿＿＿ 上。（填空题）

7. 为了避免在大风天顺风换舷时发生倾覆，可以用 ＿＿＿＿ 代替顺风换舷。（填空题）

8. 小帆船经常在沙滩上下水，所以不怕触礁。＿＿＿＿（判断题）

9. 发生人员落水时，初学者最好采用＿＿＿＿救援方式营救落水者。（填空题）

10. 当帆船倾覆后，人员不能扶正，应该留在船旁等待救援。＿＿＿＿（判断题）

11. 帆船倾覆后，在扶正之前，人员应先将 ＿＿＿＿ 放松。（填空题）

12. 拖带时，为了减小阻力，可以收起 ＿＿＿＿ 。（填空题）

第五章 掌控全局

练习题

第六章　良好船艺

第一节 团队配合

船上有多人配合操作时，对于整体的管理和协调显得尤为重要。尽管很多时候只有两个人，但是船上的工作可能会有很多，同一个人在不同的时刻有不同的任务，不同的人在相同的时候有相同的任务，换句话说，船上会出现一人多职或者一职多人的情况。虽然很多单人艇是为一个人操作设计，但是你可以根据船只提供的浮力合理带一名"游客"，他不需要控帆和掌舵，因为你一个人就够了。不过你可以让他来帮你分担一些任务，让他也参与进来，这样大家都会参与进来，别有一番乐趣。除了带"游客"外，对于双人艇来说，船员分为舵手和缭手，舵手负责掌舵，缭手负责控帆。但是，很多时候是舵手除了掌舵也要控制一面帆即主帆，缭手负责控制前帆（和球帆）。在不同的航行角度和风力条件下，每个人都要发挥好各自的作用，团队配合是属于船艺里面的资源管理类，需要把所有能利用上的资源充分利用上，减少不利因素带来的影响。除了掌舵和控帆外，还需要进行瞭望、压舷、调整稳向板和其他绳索。航行时注意五个要素，调帆、左右平衡、前后平衡、稳向板位置和最佳航线（或舵感）。

调帆在前面章节已经介绍过，双人艇上常会有两面帆甚至三面，这时候除

图 6-1 帆力中心 CE 和侧面阻力中心 CLR

了需要调整每一面帆的受力外，还需要注意两面帆之间的关系，使它们处于一种平衡状态，即帆的效力中心 CE（多面帆时，为多面帆的合力中心）与船只浸在水中部分的阻力中心 CLR 在一条铅垂线上。迎风时缭绳拉紧使帆杆收回，横风时帆杆放出三分之一，侧顺风时帆杆放出二分之一，尾风时全部放出使帆杆垂直于艏艉线。上面的方法只是一个大概调整，想要精确调

整还可以根据船只特性，按照前面介绍的调帆原则进行风帆的调整。由于帆的位置是根据航行角度的变化而调整的，所以你要确保在稳定的航行角度下进行帆的调整，回头再根据帆的状态来验证你的航行角度是否存在问题。这两个因素相互影响，只有处于一种最佳的状态下，它们的作用才会发挥到极致。否则就会出现上风舵或者下风舵，即在正舵的情况下船只会因为效力中心和阻力中心不在一条铅垂线上，导致船只改变方向，向上风或下风偏转。

迎风航行时舵手是通过向上风稍微转舵来检查帆的状态的，前帆缭手可以将调整好状态的前帆的缭绳用夹绳器或者其他

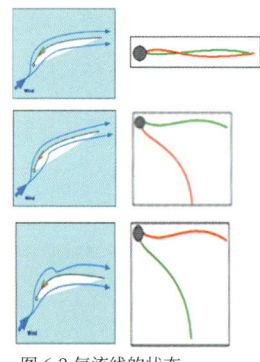

图 6-2 气流线的状态

固定工具固定好，这样舵手可以根据帆的状态使船的航向更好地保持在临界角度上。帆上的气流线在缭绳的调整帆的时候会呈现出图 6-2 的三种情况，上面是最佳状态；中间是调整欠佳——缭绳收得不够，如果之前处于最佳状态，那么现在就是因为舵手角度跑得太高了；下面是调整过度——缭绳收得太紧，同样的道理也可能是舵手角度跑得太低了。

人员位置通常是舵手位于驾驶舱的后部，其他船员位于驾驶舱的前部。在风力适中或者较大时，人员都需要到上风压舷来调整左右平衡，而当小风时，缭手通常要到下风舷进行反压舷来平衡舵手在上风产生的侧倾。除了左右平衡外，在不同风力条件下，人员前后的位置也是有讲究的，船底前部的形状和后部的形状是截然不同的，在水中有同样吃水产生的阻力是不一样的，那么这个时候就需要人员移动自己的位置来调整前后的吃水，让船只在不同风力条件下纵倾的角度处于最佳。

稳向板在水中的作用主要是克服船只横向移动和侧倾的力量，但

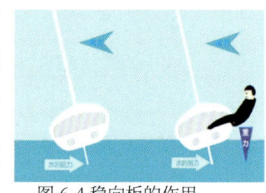

图 6-4 稳向板的作用

是它插入水中的深度越深产生的阻力也越大，稳向板要随着横移的力量来调整水中的深度。横移的力量在帆收到最紧时处于最大值，在不考虑水流的情况下帆完全放出时处于最小值（甚至为零），稳向板在迎风航行时要完全放入水中，横风时提起二分之一，侧顺风至尾风时提起四分之三至全部。如果在稳向板被

图 6-5 提起的稳向板

第六章 良好船艺

提起的过程中如果你担心船只倾覆,可以把它向下放,这样可以让船只更为稳定。当航向改变时,尤其是从顺风转向迎风时,不要忘记将稳向板放下去,这需要在转向前完成。很多双体船没有稳向板,但是依赖它们细长的船体也能在迎风中保持很好的航行状态。

图 6-3 把重心压得又低又靠前以获得轻风中的性能

船员间还需要根据实际的风区选择最佳的航线,不要让船只驶进无风区。当然还要注意瞭望航行的其他船只和航行水域情况,这也是选择航线的关键因素,根据航行规则合理避让其他船只;根据航行水域情况结合自身船只特点航行于足够水深的区域,躲避水中的各类障碍物。

图 6-6 细长船体的双体船

换舷时船员的工作:换舷时是船员的比较忙碌的时间段,他们需要通过舵改变船只的航行方向,根据新的受风方向将帆从原来的位置在合适的时机调整到新的位置,人员在此过程中也要合理进行移动保证船只在相对稳定的状态下进行换舷动作。前帆和主帆的不同之处还在于其有两根缭绳,每次控制前帆时使用处于下风的缭绳,在转向的过程中,当前帆迎风飘动时松开原来下风侧的缭绳,等前帆通过风向后,将新的下风侧的缭绳慢慢收紧。

很多人在换舷的过程中容易迷失方向,尤其是在人员移动的过程中很容易找不到哪一侧是新的下风舷,这个时候你可以观察飘动的前帆后缘位于哪一舷,

图 6-7 蝴蝶帆

那么这一舷就是下风舷,收紧这一舷的缭绳即可。除此之外你还可以观察主帆的位置,主帆只有一根缭绳控制,帆和帆杆会随着受风的改变到达新的下风舷,那么你就把前帆收紧到那一侧。除了尾风航行使用蝴蝶帆外,正常航行时帆永远处于下风舷,并且主帆和前帆同侧。

第二节 绳结及相关技能

知道如何操作绳索和打绳结是良好船艺的重要部分。学习处理绳索和打绳结并不难,但是想要灵活运用需要你勤加练习。

船只上的绳索主要分为两大类:活动索具(动索)和固定索具(静索)。活动索具主要包含升帆索、缭绳和其他调帆索具,静索在小船上主要是支索(前支索和侧支索)。很多时候习惯把绳索叫作绳子,但是这里所说的绳子并不包含支索,而是只把活动索具称为绳子。绳索需要定期打理,尤其是沾过海水的绳索,一定要在上岸后用淡水冲洗,否则盐分和尘土等会让绳子变得僵硬,容易在滑轮和夹绳器等地方卡住,同时会降低绳索的摩擦力。

实用绳结通常具备以下特点:打结方便快捷,在指定环境下性能稳定,在受过很大拉力之后依然能够轻松解开,平整美观。每个绳结都能在很短的时间内完成,但是有时候快速打完并不一定满足实际需求,还需要进行整理,这样才能保证绳结发挥更高的效率。整理绳结的内容通常包含:绳头的长短、绳圈的大小、打结处的松紧度以及物体上具体位置。

先了解一下绳各部位名称及构成:

❶ **绳索**:包含两个绳头、一个绳干,可用两绳头打结,也可以拿绳头在绳干上

图 6-8 一根绳索的组成

打结,还可以用绳头或者绳干在另外的绳索或者物体上打结。

❷ **绳环**:将绳端弯成180°,绳端与绳干不相交而平行。

图 6-9 绳环

❸ **绳圈**:绳端弯成绳环后,绳头与绳根相交。

图 6-10 绳圈

❹ **半结**:在绳头或者绳干上做一个绳圈后,绳头绕过绳干后穿过绳圈形成的绳结即为半结,也可以两个绳头打在一起形成半结。

图 6-11 半结

❺ **活结**:半结的绳头不穿过绳圈,而是将绳头留长,折返成双,用这双绳(环头)穿过绳圈收紧并留下活头。

图 6-12 活结

帆船上常用绳结有以下6个:

❶ **单套结**:被称为"绳结之王",是因为能用于太多地方,代替其他绳结。但是要从绳结特点来讲,最好还是专结专用。单套结,顾名思义,就是能够做成一个绳圈的绳结。很多绳结都能做出绳圈来,但是很多的绳圈大小会在受力

第六章 良好船艺

的情况下发生变化，而单套结的绳圈在完成之后是固定的，并且在受很大拉力之后也能解开，这是它所具备的优势。在船上常用这种绳结固定帆角、升降索和帆顶角相连、缭绳与帆后角相连等，它就算帆在狂风中抖动也会保持稳定。在一些教材上还称它为"称人结"，因为当人钻到绳圈中，绳圈不会变小把人勒死。选择所需绳圈的大小，在离绳端一定距离的绳根处打一半结，拉直绳头，在绳干上形成一个小绳圈，将绳头绕过绳根穿回小绳圈内，收紧即成。注意：最终的绳头要回到绳圈里面。

打法：选择所需绳圈的大小，在离绳端一定距离的绳根处打一半结，拉直绳头，在绳干上形成一个小绳圈，将绳头绕过绳干穿回小绳圈内，收紧即成。

图 6-13 单套结

❷ "8"字结：这个绳结主要用于绳索的末端绳头处，作用就是防止绳头从滑轮或者导缆孔等处滑出。尤其是升降索，一旦绳索不小心被从桅杆中抽出，想再穿回去会比较费时，如果在海上可能会更麻烦，所以防止这类现象发生一定要打好"8"字结。

打法：将绳头压住绳根构成一个绳圈，并用绳头绕绳根一周，再将绳头穿入圈内收紧即成。当然跟它有相同作用的绳索还有很多，如果你感兴趣可以了解一下。

图 6-14 "8"字结

❸ 平结：这是把粗细相同两个绳索连接起来，或者把一根绳子的两个绳头连接在一起的绳结。绳结在静态下比较牢固，在动态下不结实易松脱。一般用于不常解开的地方。

打法：两手各握一端绳头，先打一个半结，再将两端绳对打一个半结，绳头与绳根在同一方向穿出。

图 6-15 平结

❹ 丁香结：常用于临时将绳头固定在圆柱、栏杆、圆环形的物体上或者小绳与大缆垂直连接。

打法：

a.用绳头打在物体上：右手持握绳头，将绳头绕柱体一周后，向左压住绳干在绕圆柱一周，绳头穿过第二个绳圈后收紧。

b.用绳干套在物体上：当固定舵柄时，我们可以做两个绳圈套在上面，当两个绳头可以系在两边的固定位置时，不能再用绳头打结，可以用绳干做出两个绳圈，两个绳圈方向相反然后错位叠在一起，然后将其套在物体上。

图 6-16 丁香结

❺ **旋圆双半结**：主要应用于绳索在受力状态下跟物体或者其他绳索相连。这个优势是其他绳索不能比拟的，在受力情况下依然可以调节绳结的长度。不论在多大的受力情况下，都可以由一人完成，旋圆即是在圆的物体上进行缠绕，很多时候绳索受到的拉力不大，缠绕一圈就能产生足够的摩擦力，也就是说你要根据绳索的受力决定缠绕的圈数，保证你能一个人控制绳索，然后在绳干上打两个半结。这两个半结形成一个丁香结。一般用于拖带或者绑靠球等。

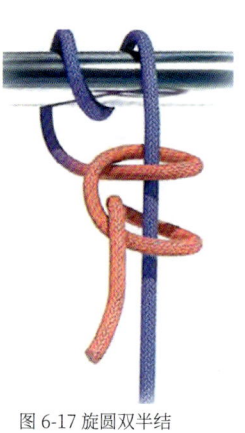

图 6-17 旋圆双半结

打法：将绳索端绕物体旋圆两周，再将绳头在绳根上打两个半结即可（这两个半结可看成丁香结）。

❻ **羊角结**：主要用来把船系到码头上的绳结，也可以把升帆索系到固定在桅杆或者甲板上的"T"形羊角上。这个绳结一定要注意绳索的受力方向，保证绳索先缠绕在远离受力一侧的羊角位置。

打法：将绳头从羊角上与受力端相反的一侧开始，在羊角上的底部缠绕一圈，然后绳头在羊角的上下近"8"字形缠绕一圈，最后反压绳头即成。

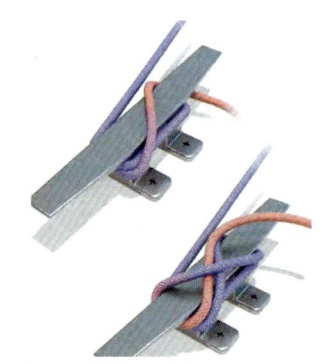

图 6-18 羊角结

撒缆：这是一项很有用的技能，即把绳子精准的抛到指定的地方。尤其是在拖带或靠码头时显得格外有用。

下面是撒缆的方法：

图 6-19 撒缆

❶ 把绳索盘在手中，可以盘绳圈或者"8"字圈。盘绳时，一般持绳圈手放平保持掌心朝上，手指穿过绳圈上部，朝向未盘起绳索方向，身体保持和未盘起的绳索平行站立，另一只负责盘绳的手应该根据所需绳圈大小在未盘起的绳索上量出合适的距离，然后手指在绳索上加力朝绳索盘起的方向旋转，这样可以让绳圈比较平整。

❷ 盘完足够的绳索后，把一定数量（长于你所在位置到目标位置的距离）的绳圈放在你要进行撒抛的手里（常为负责盘绳的那只手）。

❸ 撒投绳子的手对准目标的上方，采取前后摆动手臂的方式用力撒出，如果距离较远时，身体可以左右旋转以便增加撒投的力量。

❹ 另一只手继续托住剩下的绳圈，手指方向在负责撒投的手出手后对准目标（这样手里的绳捆可以向外放出去）。

❺ 不要将所有绳索全部放于撒投的那只手，就算距离远也要保证另一端有足够长度的松弛部分，这样方便你撒投出去，否则绳索在空中突然受到摩擦力或者拉力会造成撒投失败。

❻ 撒投的绳圈数量主要目的是产生足够的重量以方便撒投，太轻的话不足以带动剩余的绳索，太多的话不利于撒得太远。

第三节 器材的养护

正确地养护器材可以延长帆的使用寿命。

1. 帆： 不同类型的帆在使用完时要求用不同的方法收起来。底线是你要把帆整理得尽量平顺。最好的方法从上往下把帆卷起来（尤其是双体船上用的全帆骨帆）。没有帆骨的帆可以折叠起来——从下向上折叠，然后放到帆包里存放。千万不要把帆硬塞进或压皱塞进帆包。而且如果帆要存放比较长的时间，先确保帆已经干燥。

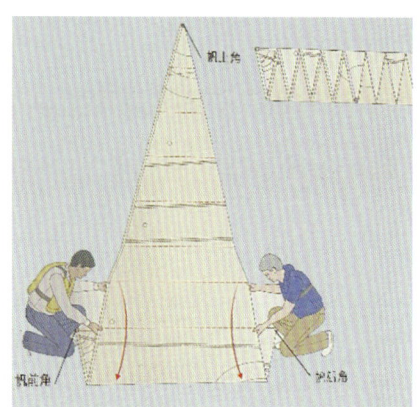
图 6-20 折叠帆

2. 船体及其他配件： 每次出海回来时用淡水彻底冲洗我们所用的船只及船上各个容易存水（海水）的配件是一个必备的环节，如滑轮、绳索、夹绳器等，都应该用有一定压力的淡水进行冲洗。由于海水拥有较强的腐蚀性，如果不将其冲干净，长期发展可能对器材造成永久性的损害，所以我们应该养成这一良好的习惯。就算不是在海水中航行也要用干净的淡水冲洗，每次冲洗时最好用海绵擦拭船体表面，使表面清洁光滑。

冲洗完成后应用干燥的抹布擦干，或者放在阴凉处风干，避免潮湿，否则你的船体和绳索会被霉菌"霸占"。然后找对应船只型号的船罩将其覆盖，避免灰尘积满船身以及暴露，否则紫外线会让器材老

图 6-21 卷帆

图 6-22 用淡水冲洗船体

化特别严重。在搬运船只过程中，一定要避免船体和硬物的碰撞。在存放时不要将船只直接存放在地上或者浮码头上，应该放在专用的支架上，或者垫上有一定缓冲效果的胶垫，然后加以固定以避免被动位移磨损船体。

第四节 航行计划和规则

航行计划

当你学会帆船的驾驶技术之后,想要独立航行,或者不再有教练或者经验丰富的船员来陪伴你时,你就要独自面对各种各样的问题了。而且很多时候你会根据总体的度假或者娱乐计划增加水上项目,那么你究竟需要考虑哪些因素呢?标准的程序化方案会给你更多的帮助。虽然最好的休闲娱乐方式是漫无目的的闲游,但是你也要按照以下步骤进行计划。在第二章你就已经了解了涉及安全的一些因素,接下来你需要按部就班的逐项落实这些方面的工作。

首先是天气和风,在你有计划航行前,至少提前一周查看未来若干天的天气情况。水上项目可能只是你的整个假期里面的一小部分,所以在了解天气变化趋势之后,你可以适当调整,保证你的航行时间是一个你所喜欢的天气,最好是有合适的风力让你充分享受水上的时光。做好计划之后,在进行航行的前两天再次查看天气是否有新的变化,确定是否需要再调整计划。在前面的章节介绍了查看天气的方式,除此之外,还可以通过无线电频道和互联网接收海岸电台的相关信息,从而了解到气象报文、台风警告、航行警告、气象传真图等关于航行安全的信息。这些信息都是来自于各沿海国家的官方权威机构,例如我国交通运输部的航海保障中心、美国国家海洋和大气管理局。除了关注风力和天气的整体趋势外,你还要关注其他特殊天气现象的单独报道,例如浪、雷暴、台风等。风的预报主要是指大概率的风向和风速,不代表实际一定出现。所以你也要学会根据临近的天气情况预判,每个地区也有各自的天气特点,可以咨询一下当地的船员或者教练,了解当地恶劣天气的征兆和产生的方向。一旦遇到类似情况,就要及时返回岸上避免危险的发生。我们建议你在3~4级风时享受帆船运动带给你的快乐。风向如果是向岸风,虽然不如离岸风方便上岸,但是向岸风有助于你驶离岸边后轻松返航,不需要迎着风浪前行。当你能够在大多数情况下安全航行时,也不要大意,尽量不要离岸太远。如果你想去更远的地方航行,也许龙骨船更为适合,那就去学101的课程吧!

如果你带着手机(一定要放在防水包里并系在船上),可以看天气预报或者看一下气象雷达。一般每个地区都有各自的特点,所以不能一概而论,有些地区的气候会非常的稳定,与预报吻合度极高,而有些地方就会反复无常,需要特别注意,预报里风的等级是按照蒲氏风级表进行分级。

蒲氏风级表

蒲氏风级	名称	波浪	浪高(米)	高出地面十公尺之相当平均风速				风级标准说明		
				米/秒	公里时	海里时	英里时	陆地情形	海面情形	海岸情形
0	无风	-	-	0-0.2	<1	<1	<1	静,烟直上	海面如镜	风静
1	软风	-	-	0.3-1.5	1~5	1.3	1.3	炊烟能表示风向,风标不动	海面生鳞状波纹、波峰无泡沫	渔舟正可操舵
2	轻风	-	02-03	1.6-3.3	6~11	4.6	4.7	风拂面树叶有声,普通风标转动	微波,波峰光滑而不破裂	渔舟张帆时每小时可行1-2英里
3	微风	小波	0.6-1	3.4-5.4	12~19	7.10	8-12	树叶及小枝动摇,旌旗招展	小波,波峰开始破裂泡沫如馅,波峰偶泛白沫	渔舟渐觉倾侧进行速度约为每小时3-4英里
4	和风	轻浪	1-1.5	5.5-7.9	20-28	11.16	13-18	地面扬尘,纸片飞舞,小树干摇动	小波渐高,波峰沫渐多	渔舟涡帆时倾於一方捕鱼好风
5	清风	中浪	2-2.5	8.0-10.7	29-38	17-21	19-24	有叶之小树摇罢,内陆水面有小波	中浪渐高,波峰泛白沫,偶起浪花	渔舟缩帆
6	强风	大浪	45.5	10.8-13.8	39-49	22-27	25-31	大树枝摇动,电线呼号有声,举伞困难	大浪形成,泛白沫波峰渐广,渐起浪花	渔舟张半帆捕鱼须注意风险
7	疾风	巨浪	4.5-5	13.9-17.1	50-61	28-33	32-38	全树摇动,迎风步行有阻力	海面突起,白浪泡沫沿风成条,浪涛渐起	渔舟停息港中,在海者下锚
8	大风	狂浪	5.5-7.5	17.2-20.7	62-74	34-40	39-46	小枝吹折,行人不易前行	巨浪渐升,波峰破裂,浪花明显成条沿风吹起	近港之渔舟,皆停留不出
9	烈风	狂涛	7-10	20.8-24.4	75-88	41-47	47-55	烟卤屋瓦等将被吹毁	猛浪惊涛,海面渐呈汹涌,浪花白沫增染,能见度减低	-
10	狂风	狂涛	9-12.5	24.5-28.4	89-102	48-55	55-63	陆上不常见,见则拔树倒屋或其他损毁	猛浪翻腾,浪峰高耸,浪花白沫堆积,海面一片白浪,能见度更低	-
11	暴风	非凡现象	11.5-16	28.5-32.6	103-117	56-63	64-72	陆上绝少,有则必重大灾害	狂涛高可掩盖中小海轮,海面全成白沫,惊涛翻腾白浪,能见度大减	-

其次是潮汐和水流,地球上的最大的潮汐,高潮和低潮之间的潮差可以达到12米左右。也有一些海域并没有太明显的潮汐变化,但是在潮差较大的海域航行时,一定要格外留意水深和水流的影响。水深会让你触礁或者搁浅,水流会带你朝某一方向移动,这会影响你的航行计划。潮汐影响水的运动方向,河流里面的水是往河道的下游流淌,方向基本是不变的;风也会造成水的水平运动,当风吹过水面由于摩擦力也会带着水向下风方向移动。下水之后你可以根据水中的物体的移动方向判断水流的方向,也可以根据水流过固定在水中的物体周围时留下的痕迹判断水流的方向。

当你不是在正顶流或者正顺流航行时:

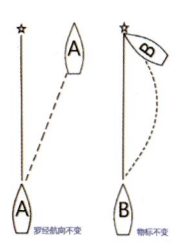

图 6-23 水流对航迹的影响

当船首对准某一物标（孤立显著的标志）航行，罗经航向是会不断发生变化的；当罗经航向保持固定，船首对准的物标又会在不断变化。这些都是由水流造成的，所以当你要到达某一目的地时，选取的航向应该考虑流的影响，一般航向要向上流偏转一些，这样会使你更快到达目的地，所要偏转的角度主要根据流速的大小来确定，同样是矢量合成。

在开阔的海洋，水流垂直于船只的理想航线，并且影响到他们的实际航线。图 6-23 中船 A 没有把水流的影响考虑在内，直接对准目的地并保持罗经航向全程不变，越接近目的地时，它就越偏向去流方向越远，最后不得不大幅度改变航线。船 B 也是直接对准目的地，但全程保持船头始终对准目的地，罗经航向一直在变化，最后也走了一些冤枉路。船 C 考虑到了水流的横移影响，事先根据流速朝来流方向修正了航线，最终它的航迹笔直到达目的地。

当在强水流的地区航行时，一定要考虑水流这个因素，否则你会被水带到很远的地方。返航时如果时迎风顶流，那么航程将会是漫长的，因为你的有效对地速度将会非常低。这很容易磨灭船员的信心。

当你在一些拥挤的港口或者狭窄水域出发时，会有很多因素需要考虑，例如码头、其他船只和可航行水域。如果撞到其他船只，损坏的可能是双方的船，而不仅仅是你

图 6-24 受限水域划桨前行

第六章 良好船艺

自己的船。所以你要花些时间设计一条合理的线路保证能够安全快速到达开阔水域。如果有救生艇护航，也可以让救生艇将你拖至开阔水域，这样减少不必要的麻烦。尤其是对于新手，尽量减少一些不必要的换舷，这很容易让你失速。非故意的失速就代表你会失去对船只的控制，在你即将重新获得速度时可能陷入很尴尬的局面，你的运动方向可能是造成碰撞的方向。所以在你下水前做好规划，找到一条既安全又简单的航道离开。如果你正处在一片不能让你正常航行的水域，你此时还可以利用手划桨，一手掌舵，另一只手划桨，这样可以让你更快接近目的地。在划桨时，如果帆已经升起来并且飘帆，要尽量避免被帆杆打到头。

当风吹向陆地时，你必须考虑离岸的距离，海岸和不能航行区会限制你的操纵空间，提前做好计划将有助于提高操作的成功率。

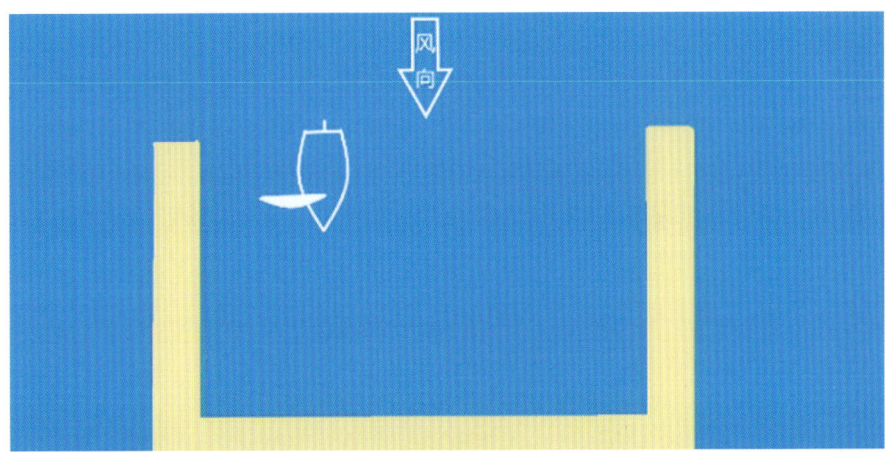

图 6-25 如果顺风进入会让你的船失控，就要换种方法靠岸

航行规则

我们要学习的航行规则主要来自《国际海上避碰规则》（简称避碰规则），规则规定了在公海和连接公海可供海船航行的一切水域中一切船舶在航行时遇到各类船只时所具有的权利和义务。对于各缔约国水域基本上也会按照"避碰规则"航行，除非各缔约国颁布的一些特殊规定，也是在该国水域航行必须遵守的规定，这可能会和"避碰规则"有冲突，但并不代表一定会有冲突，有可能是在"避碰规则"的基础上制定更高和更细致的要求。对于非《国际海上避碰规则》缔约国的国家，可能不执行《国际海上避碰规则》，只执行当地的有关航行的规定。这些你应该了解，如果你在美国，美国海岸警卫队航行规则和规章手册涵盖了很多关于内陆水域、国际水域的船舶管理

规定。中国水域主要是执行"避碰规则"和中国沿海内河水域航行规则,既有纸质版又有电子版。

《避碰规则》第二章驾驶与航行规则

第五条:每一船在任何时候都应使用视觉、听觉以及适合当时环境和情况的一切有效手段保持正规的瞭望,以便对局面和碰撞危险做出充分估计。

所以说每条船最基本的责任就是必须保持有效的瞭望。这要求你在除操控自己船只的时间外还要留意周围的其他船只的动态,判断是否存在碰撞的危险或者造成紧迫的局面。提前采取有效的措施来避免对应的事件发生,不过《国际海上避碰规则》中明确了直航船和让路船各自的责任。

如果你是直航船虽然不一定需要你做出避让行动,但是很多情况下是需要你保持航向和航速的,这样让路船能直接采取更为有效的措施,并且作为直行船也能直接看出让路船的意图,判断其是否进行了有效避让。

一旦单凭让路船的行动不能避免碰撞或者紧迫局面的发生,直行船也要采取进一步的行动来避免碰撞的发生。

《避碰规则》第二章第二节船舶在"互见"中的行动规则:第12条帆船、18条船舶之间的责任阐述了帆船和帆船、帆船与其他船只相遇时的航行权。

当两艘帆船相互驶近致有构成碰撞危险时,其中一船应按下列规定给他船让路:

(1) 两船在不同舷受风时,左舷受风的船应给他船让路。

(2) 两船在同舷受风时,上风船应给下风船让路。

(3) 如左舷受风的船看到在上风的船而不能断定究竟该船是左舷受风还是右舷受风,则应给该船让路。

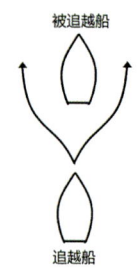

图 6-25 追越局面

当帆船和机动船相遇时,机动船应该给帆船让路,但是也有例外情况。当船舶间处于追越状态时,追越船应该给被追越船让路。

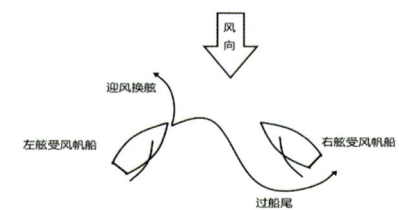

图 6-26 规则 11 上风船给下风船让路

并且帆船在航时还要给以下三种船只让路:

(1) 失去控制的船舶。

(2) 操纵能力受到限制的船舶。

(3) 从事捕鱼的船舶。

良好船艺的表现是"早、大、宽、清"的采取避让行动。如果你是让路船,要尽早做出明显的、大角度的避让行为,在较宽的水域和较大的距离上让清直航船。这不是在竞技比赛,所以你不要在

第六章 良好船艺

最后一刻采取行动，不要让其他船猜测你的行动计划。本部分知识只是概括性介绍了相关知识，如有需要请参考相关公约或者专业教材进行学习。千万不要把无知当借口，害人又害己。帆船运动应该是安全的、快乐的，学会更多的知识才会让你更好地享受帆船运动。

帆船竞赛中的基本规则主要是第二章 A 节的前三条，结合"避碰规则"去运用在日常的运动中：

规则 10：左舷受风给右舷受风让路。

规则 11：同舷风，两船相连时，上风船给下风船让路。

规则 12：同舷风，两船不相连时，明显在后的船只给明显在前的船只让路。（相当于追越）

掌握了航行规则，航行于海上时还要会识别海上的标志，就像在马路上看标线和指示牌一样。

航标（助航标志或者航行标志）：虽然远海也有航标，但是航标主要是分布在近岸海域和港口，主要作用是指示航道、供船舶定位、标示危险区和供特殊需要等。按照航标所在水域分为沿海航标、内河航标和船闸航标。

沿海航标主要包含：固定标志和水上标志，固定标志包含灯塔、灯桩和立标，水上标志包含灯船和浮标。

浮标主要种类：侧面标、方位标、孤立危险物标志、安全水域标和专用标志。

国际航标协会有两种浮标系统：IALA A 系统和 IALA B 系统，采用 IALA B 系统的地区主要是美洲、日本、韩国和菲律宾，其他地区采用 IALA A 系统。两种系统的主要区别是在侧面标的颜色是相反的，形状是一致的。

侧面标的习惯走向是船只从海上驶向港口河流或者河口或其他水道时所采取的走向，或者环绕大片陆地顺时针的方向，顶标的形状：左侧标是罐体、右侧标是锥体，浮标颜色是左侧标红色、右侧标绿色（IALA A 系统，而 IALA B 系统是左绿右红）。以下是图片均为 IALA A 系统的标志颜色和形状。

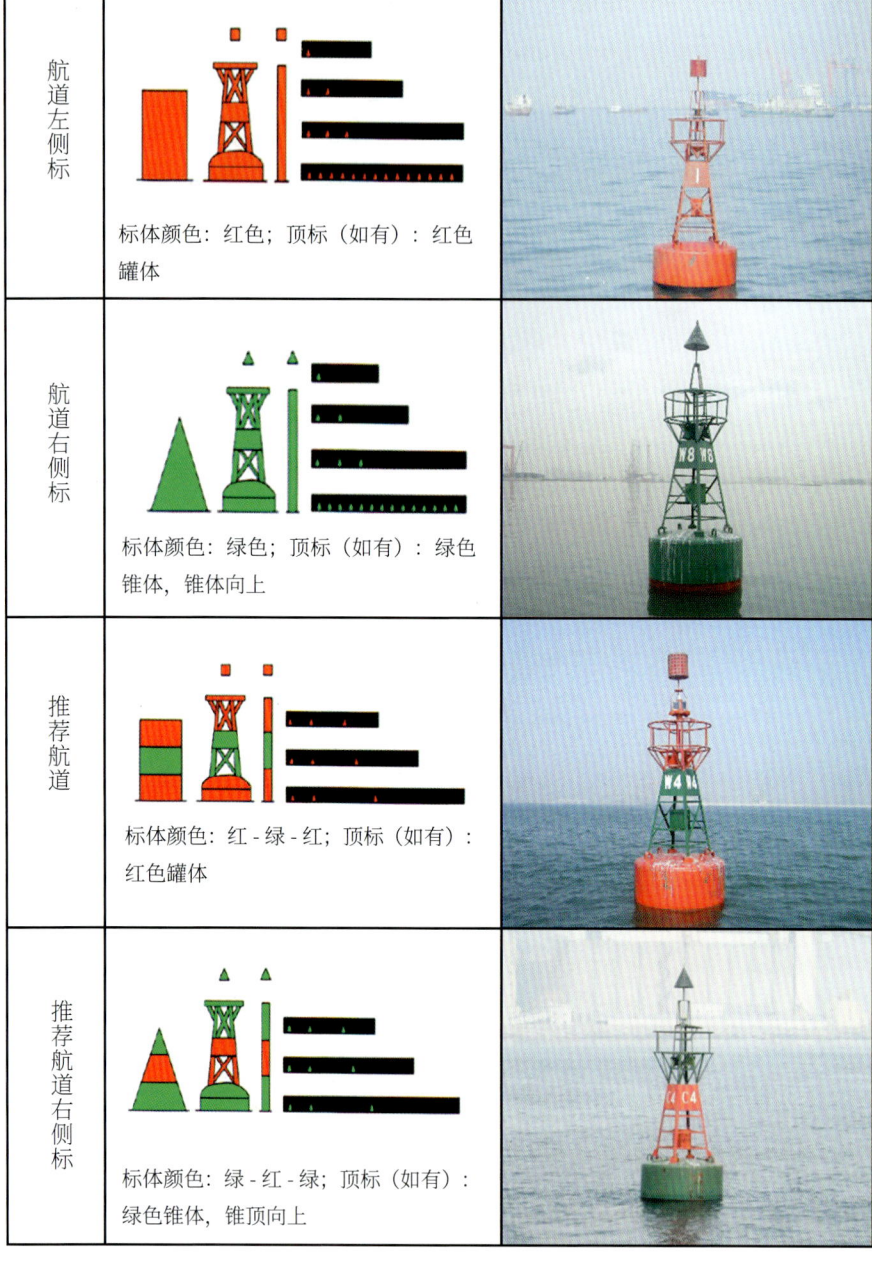

第六章 良好船艺

方位标	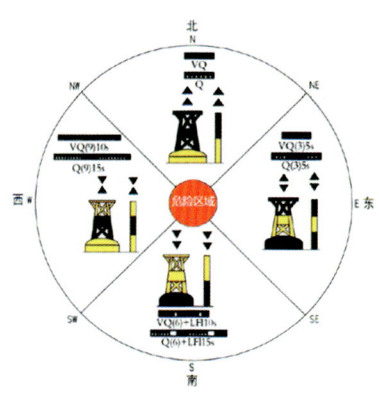　　北方位标标体颜色：上黑下黄；顶标：两个黑色锥体，锥顶都向上叠在一起　　　　　　　　　　　　　　　　　东方位标标体颜色：黑-黄-黑；顶标：两个黑色锥体，锥底相对叠在一起　　　　　　　　　　　　　　　　　南方位标标体颜色：上黄下黑；顶标：两个黑色锥体，锥顶都向下叠在一起　　　　　　　　　　　　　　　　　西方位标标体颜色：黄-黑-黄；顶标：两个黑色锥体，锥顶相对叠在一起	
孤立危险物标志	　　　　　　　　　　　　　　　　　　　　　　　　　　标体颜色：黑-红-黑，顶标：两个黑色球体叠在一起	

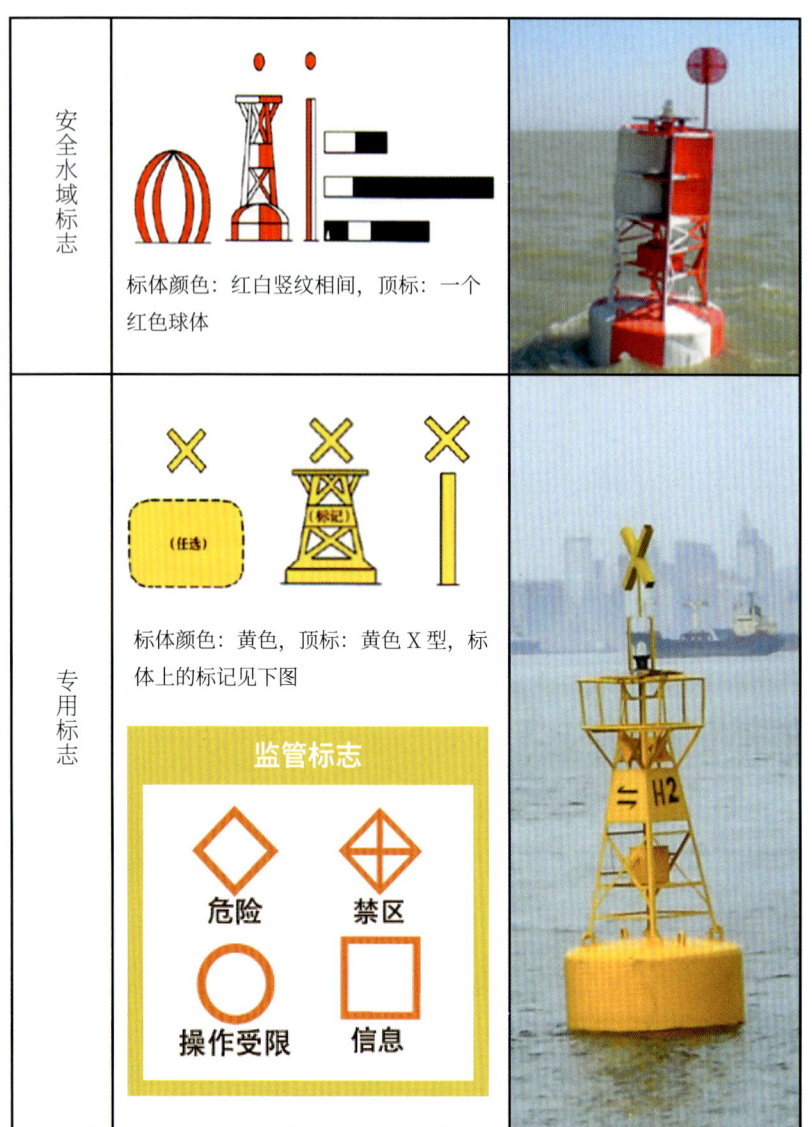

帆船在航行时，尽可能不要在航道上穿行。如果需要在航道中航行时，应该按照航道指示的方向靠右行驶，将航道中间更深的水域留给大型的机动船。小帆船尽可能在沿岸通行带中航行，或者有专用娱乐水域标志的区域和安全水域标志等地方行驶，远离孤立危险物和方位标标识的危险区域。

附：练习题

1. 所有船只都有责任避免_____。（填空题）

2. _____ 的责任是保持航向和 _____ 。（填空题）

3. 追越船必须给_____让路。（填空题）

4. 两条同舷风受风的帆船，_____给_____让路。（填空题）

5. 两条不同舷风受风的帆船，_____给_____让路。（填空题）

6. 帆船不需要给任何机动船让路。_____（判断题）

7. 对于使用引擎的帆船属于 _____ 。（填空题）

8. 看到竖纹白红相间浮标的区域属于_____。（填空题）

9. 小帆船尽可能不要驶入_____，应该在_____航行。（填空题）

10. 连接两个粗细相同的绳索用_____结。（填空题）

11. 穿过滑轮后的绳头应该打一个_____结。（填空题）

12. 升帆索和缭绳应该用_____结与帆角相连。（填空题）

13. 绳子一端受力状态下，更适合打_____结。（填空题）

附录一：急救技能

溺水急救

溺水抢救的操作流程为以下几点。

1. 判断溺水者的意识。

2. 呼叫救援并启动急诊医疗体系。

3. 判断溺水者呼吸和脉搏仅限专业人员。

4. 开放气道。

5. 给予 2~5 次人工呼吸，如果可能就连接氧气。

6. 开始 30:2 的心肺复苏。

7. 尽快连接自动除颤仪，依照提示操作。

具体的流程又细分以下四种。

1. 溺水者清醒有呼吸、有脉搏，此时只要呼叫 120，等待救援人员送医院观察。

2. 溺水者昏迷呼叫没有反应，但是有呼吸、脉搏，应呼叫 120 并清理口鼻异物，让溺水者取侧卧位等待救援人员，密切关注呼吸脉搏情况，必要时才进行心肺复苏。

3. 溺水者昏迷，没呼吸但是有脉搏，类似假死状态，溺水者喉咙痉挛没有呼吸，呼吸脉搏濒临停止，此时需开放气道、人工呼吸，脉搏心跳就可能迅速恢复，恢复呼吸后再采取侧卧位等待救援人员。

4. 溺水者昏迷没有呼吸也没有脉搏，应马上清理口鼻异物，开放气道，人工呼吸，胸外按压，采取传统 A、B、C 心肺复苏抢救顺序，同时呼叫 120，并持续复苏到患者呼吸脉搏恢复或急救人员到达为止。

低体温症急救

判断低体温症的症状：按逐渐加重的顺序为以下几点。

1. 控制不住的颤抖。

2. 无法完成复杂的动作，特别是手不听使唤，步伐不稳。

3. 神志不清，言语含糊。

4. 剧烈颤抖。

5. 不合常理的举动，例如，脱掉外衣而不知道其实很冷。

6. 停止颤抖，此时进入非常危险状态。

7. 皮肤发白，变青。

8. 瞳孔放大。

9. 心跳和呼吸剧减。

10. 肌肉发硬。

11. 在 32°C 时身体进入"冬眠"状态，关闭手臂和腿部的血流，急剧降低心跳和呼吸频率。

12. 在 30°C 时身体进入新陈代谢几乎停止的"冰人"状态，看似死亡了，但仍然是活的。

判定出现低体温症应立即求救，同时正确自救：

1. 确保病人身体是干燥的，一定要脱掉湿的内衣。

2. 降低热散失，方法有以下几点，换干的衣服，多加外衣，避风所。

3. 食物和饮料。最好是温热含糖的饮料，不可以有酒精、咖啡因和尼古丁。

4. 外部取热。40°C 水温泡澡或者淋浴，在睡袋中与一个健康人相拥。

5. 安置温热水袋在伤者腋窝和腿之间。

6. 不可以直接加热。

7. 不可以按摩或摩擦病人的身体。

8. 不可以尝试使手臂与腿变暖，那会使冷的血流回心肺和脑部，导致核心体温进一步下降，这是致命的。

9. 病人如果身体是冰冷的，那一定还没有死亡。

10. 准备做长达几个小时的人工呼吸。

11. 医院专业救治。

心肺复苏急

适用于急性心肌梗塞、严重创伤、电击伤、

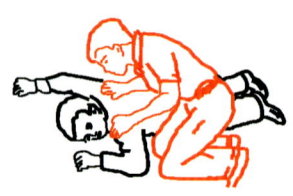

1. 判断伤员有无意识（T≤5S）

2. 如无反应立即

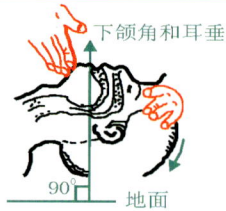

下颌角和耳垂连线
90°
地面

4. 仰头举颌开放气道（T≤5S）

5. 判断有无呼吸；吸立即口对口吹

★人工呼吸：12-16次/分

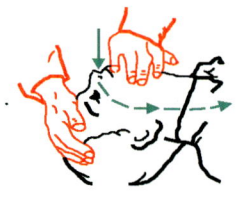

7. 有搏动时只需做人工呼吸

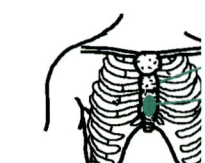

★叩击后有脉搏时只

8. 无搏动时定位位置叩击心前

★按压频率：至少100次/分

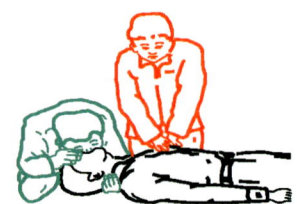

10. 双人施救，每做15次按压，2次人工呼吸；单人施救，30：2。连续反复进行。（T≤20S）

一、热烫伤（开水、少半小时（不要惊慌、浸浴。但切忌用冰水、火，或卧倒滚动压灭冷却后小心地将贴身后形成水泡。3. 泡 若的部位可用冷敷。4.
二、酸碱烧伤急救——方面可冲淡和清除残留开始就应用大量清水眼部，尤其是角膜有无
三、电烧伤急救——应立即进行心肺复苏行心肺复苏的同时，

心肺复苏有效指标 ——（1）瞳孔。伤员瞳孔由大变小；脉搏动。每一次按压可以摸到一次搏动，如若停止按压后，消失，应继续进行心脏按压；（4）神志。伤员有眼球活动，（5）出现自主呼吸。伤员自主呼吸出现，并不意味可以停

附录一 急救技能

救现场参照

溺水和中毒等原因引起的呼吸、心跳骤停

呼救（T≤5S）

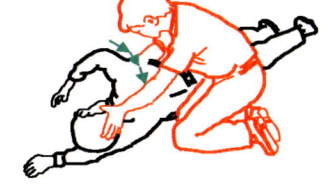

3．病人仰卧位放置于地上（T≤5S）

如无呼气两口（T≤10S）

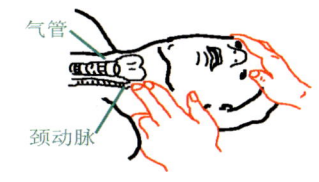

6．仰头查颈动脉有无搏动（T≤10S）

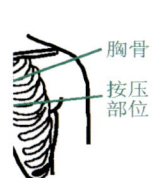

只做人工呼吸
胸骨
按压部位
胸外按压区 1-2 次

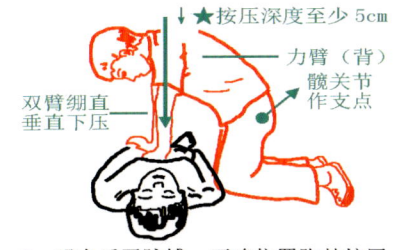

★按压深度至少 5cm
双臂绷直垂直下压
力臂（背）髋关节作支点

9．叩击后无脉搏，正确位置胸外按压

蒸汽、热的固体）急救——1.冲 第一时间赶快用大量清水冲至不要急于脱掉贴身诸如汗衫、丝袜之类衣服）。也可用冷水以免冻伤。火焰烧伤时立即脱掉燃烧的衣服或将物品覆盖灭火焰（切勿奔跑，喊叫和用手扑火焰），再泡入清水中。2.脱 衣服脱去，如果裤管等难脱则可以用剪刀剪开，以免撕破烫伤气候允许，身上的衣物脱掉后，将患处泡在冷水里。不能浸浴盖 用现场最清洁的布类覆盖。5.送 送医急救。
——各种酸碱烧伤，应立即用大量清水冲洗至少 30 分钟以上，一的酸碱，另一方面作为一种冷疗，可减轻疼痛。请注意，一迅速将残余酸碱从创面冲尽。头面部酸碱烧伤时，应首先急救烧伤，并优先予以冲洗。
-应立即切断电源并灭火。灭火后，如发现伤员呼吸心跳停止，急救，待心跳和呼吸恢复后，及时转送就近医院处理；或在进将伤员迅速转送医院急救。

（2）面色（口唇）。伤员面色由紫绀转为红润；（3）颈动脉搏跳动，则说明伤员心跳已恢复，如若停止按压，搏动亦睫毛反射与对光反射出现，甚至手脚开始抽动，肌张力增加。止人工呼吸。如果自主呼吸微弱，仍应坚持口对口呼吸。

附录二：练习题答案

第二章

1. 对
2. 错
3. 俱乐部或者家人
4. 错
5. 水流、水深
6. 干式保温服
7. 有遮蔽
8. 错

第三章

1. 伯努利原理、降落伞原理
2. 无法航行区
3. 舵手、上、舵
4. 迎风偏转、顺风偏转、迎风换舷、顺风换舷
5. 意外过帆
6. 前缘
7. 推舵
8. 拉舵
9. 保持、改变
10. 产生阻力
11. 控制帆的松紧、控制横杆上下的角度、控制下帆边的松紧
12. 错

第四章

1. 顶风
2. 收紧
3. 放松
4. 抖动
5. 有怀疑，就放松缭绳
6. 蝴蝶帆
7. 无法航行区
8. 横风
9. 远迎风
10. 近迎风
11. 飘帆、进入无法航行区、帆反受力
12. 重心

第五章

1. 扶正球
2. 横杆
3. 手
4. 对
5. 扶正带
6. 桅杆
7. 迎风换舷
8. 错
9. "8"字
10. 对
11. 缭绳
12. 稳向板

第六章

1. 碰撞
2. 直航船、速度

3. 被追越船

4. 上风船、下风船

5. 左舷受风船、右舷受风船

6. 错

7. 机动船

8. 安全水域

9. 航道、沿岸通行带

10. 平

11. "8"字

12. 单套

13. 旋圆两半

© 美帆联国际体育发展有限公司

图书在版编目（CIP）数据

一起来航海：基础小帆船驾驶入门 / 贾京凯，美国帆船协会编 . -- 青岛：中国海洋大学出版社，2021.5
ISBN 978-7-5670-2834-0

Ⅰ. ①一… Ⅱ. ①贾… ②美… Ⅲ. ①帆船运动—运动技术 Ⅳ. ① G861.419

中国版本图书馆 CIP 数据核字 (2021) 第 094706 号

一起来航海
基础小帆船驾驶入门

出版发行	中国海洋大学出版社	印　制	青岛海蓝印刷有限责任公司
社　　址	青岛市香港东路23号	版　次	2021年6月第1版
邮政编码	266076	印　次	2021年6月第1次印刷
网　　址	http://pub.ouc.edu.cn	成品尺寸	154 mm × 230 mm
出 版 人	杨立敏	印　张	5.5
责任编辑	矫恒鹏	字　数	150千
电　　话	0532-85902349	印　数	1~2500
电子信箱	2586345806@qq.com	定　价	129.00元
审 图 号	GS（2021）4242号	订购电话	0532-82032573（传真）

发现印装质量问题，请致电 0532-88786655，由印刷厂负责调换。